"En Wij hebben u slechts als een Genade voor de Werelden gezonden"

De Koran, 21:107

De profeet van de Islam

MOHAMMED ﷺ

Een korte biografie en geïllustreerde zakgids bij zijn leer en belangrijkste gebeurtenissen in zijn leven

Derde editie

Gepubliceerd door:

Gedrukt in Kuwait door KHT Press
Design door Taylor & Toglaw

Feedback en vragen:
Voor meer info: brahim@idara.eu,
osoul@rabwah.com
muhammadpocketguide@gmail.com
www.guidetoislam.com

ISBN 978 - 098 - 7589 - 13 - 2 L.D. No.: 1443 / 5639 Derde editie, Juli, 2017

Ik verhoud mij tot de profeten vòòr mij, als tot iemand die een huis heeft gebouwd, volledig en uitstekend, met slechts één ontbrekende steen. Wanneer men het huis ziet, bewondert men de schoonheid ervan, en zegt: "Hoe prachtig zal dit huis zijn wanneer de ontbrekende steen op zijn plaats wordt gezet !"

Aldus ben ik deze steen, en ben ik de laatste der Profeten.

Mohammed ﷺ
(Vrede zij met hem)

(Overgeleverd door Bukhari 4.734, 4.735)

VERANTWOORDING & BELANGRIJKE OPMERKINGEN

- Wanneer moslims Mohammeds naam noemen, dan is het een geloofsvereiste en een teken van respect om te zeggen: "De Genade, Zegen en Vrede van God Zijn met Hem". In dit boek, en vele andere publicaties aangaande de Profeet Mohammed, wordt dit afgekort tot, "Vrede zij Met Hem", wat in het Arabisch wordt geschreven als. Aangezien dit echter een beknopte zakgids is waarin de naam van de Profeet Mohammed vaak vermeld wordt, wordt deze aanduiding op sommige plaatsen overgeslagen, teneinde wat plaats te winnen en om de niet-islamitische lezers niet af te leiden. Er wordt geen gebrek aan respect bedoeld.
- Deze zakgids verwijst op verschillende plaatsen naar God als "Allah" (Zijn eigennaam). Deze naam wordt niet gebruikt om andere wezens aan te duiden. Het is een geloofsvereiste dat elke publicatie die de naam van God (Allah) bevat, met respect behandeld wordt en op geschikte plaatsen bewaard wordt. Anderzijds, om het even wanneer het woord God of Heer in deze zakgids wordt vermeld, betekent het "Allah" (verheven zij Hij). Moslims geloven in een God (één godheid), die het universum schiep, de aarde, de hemelen, de kosmos en alle wezens.

- Volgens het islamitische geloof heeft God vele kenmerken en benamingen die Hem en Zijn daden beschrijven als De Liefhebbende (Al-Wadud in het Arabisch), De Heilige (Quddous in het Arabisch en Quadosh of Hakkadosh, "De Heilige", in het Hebreeuws), De Ene (Ahad in het Arabisch en Echad in het Hebreeuws), De Vrede (Salam in het Arabisch, Sjalom in het Hebreeuws). Hoe dan ook, Zijn voornaamste naam is Allah, verheven zij Hij. In het Hebreeuws wordt God "Elohim" genoemd, en in het Aramees wordt dat "Elah – Alaha". Het eerste hoofdstuk van de Heilige Koran, "Den Beginne", introduceert God in volgende bewoording : "Allah zij geprezen, Heer der werelden, de Allergenadigste, de Barmhartigste."

- Het woord "Mekka", de stad waar Mohammed werd geboren, wordt in vele boeken "Mecca" gespeld. Beide spellingen kunnen in dit boek gebruikt worden. De stad Mekka ligt in de vallei van Bakkah, in het Oude Testament gespeld als "Becca". Evenzo verwijst het woord "Madina" naar de stad naar waar Mohammed verhuisde. In het Arabisch is dit "Al Madinah Al Munawwarah", hetgeen de "Verlichte Stad" betekent.

- Alle informatie in deze zakgids werd, naar beste weten van de auteur, verkregen uit authentieke bronnen. Mogelijke zetfouten of andere vergissingen zijn onbedoeld gebeurd.

فهرسة مكتبة الملك فهد الوطنية أثناء النشر

مركز اصول
نبي الإسلام محمد صلى الله عليه وسلم - باللغة الهولندية. / مركز اصول - ط٢. .- الرياض ، ١٤٤٣هـ
٢٧٣ ص ؛ ..سم

ردمك: ٨-٨٧-٨٣٥٢-٦٠٣-٩٧٨

١- السيرة النبوية ٢- الشمائل المحمدية أ.العنوان
ديوي ٢٣٩ ١٤٤٣/٥٦٣٩

رقم الإيداع: ١٤٤٣/٥٦٣٩
ردمك: ٨-٨٧-٨٣٥٢-٦٠٣-٩٧٨

(ملاحظة): لا يتم طباعة الجزء الأسفل مع بطاقة الفهرسة

تأمل مكتبة الملك فهد الوطنية تطبيق ما ورد في نظام الإيداع بشكل معياري موحد ، و من هنا يتطلب تصوير الجزء الاعلى بالأبعاد المقننة نفسها خلف صفحة العنوان الداخلية للكتاب ، كما يجب طباعة الرقم الدولي المعياري ردمك مرة أخرى على الجزء السفلي الأيسر من الغلاف الخلفي الخارجي .
و ضرورة إيداع نسختين من العمل في مكتبة الملك فهد الوطنية فور الانتهاء من طباعته، بالإضافة إلى إيداع نسخة الكترونية من العمل مخزنة على قرص مدمج (CD) وشكرا ،،،

Voorwoord

Alle lof zijn aan Allah de Heer van het universum en alle wezens. Hij creëerde de man in de beste gestalte en maakte hem in staat om te horen, te zien en te denken. Hij maakte hem een opvolger in de aarde en betrof hem om de aarde te bouwen en er geen onheil in te doen. Daarom moet de mens God aanbidden en zijn religie (wet) op aarde vestigen. Onze Schepper Geboden zijn duidelijk.

Zij bevelen mensen om goede daden te doen en zich te onthouden van allerlei slechte daden en gruwelen.

Onze Schepper heeft ons leven kort en tijdelijk op aarde gemaakt. Het leven op aarde is een brug voor het eeuwige leven in het hiernamaals. Dat is de dag der opstanding. Wie goed doet, zal het zien en daarvoor beloond worden. En wie het niet doet, zal het zien en daarvoor gestraft worden.

Over de geschiedenis heeft God vele boodschappers naar mensen gestuurd om hen naar hun Schepper te leiden en de waarheid achter hun creatie en levensdoel te verklaren. Noach, Abraham, Mozes, Jezus en Mohammed ﷺ waren boodschappers van God.

Echter, de vrede van de profeet Mohammed ﷺ over hem werd onderscheiden door een aantal belangrijke kenmerken. God heeft hem gekozen om het laatste Goddelijke Bericht over te dragen aan de mensheid.

Het wordt bewaard in de Koran, het laatste goddelijke boek voor de mensheid. Ook het leven van Profeet Mohammed ﷺ was een praktische demonstratie en toepassing op Gods Geboden. Zijn leringen bleek voor de hele wereld dat de oprechte en eerlijke naleving van onze Scheppersboden goede welwillendheid, welzijn en vrede voor de gehele mensheid brengt. Profeet Mohammed ﷺ zet de morele basis van een beschaving die een draaipunt in de ontwikkeling van de mensheid werd.

Maar tegenwoordig gaat de wereld door een kritisch stadium dat belast wordt met sociale, economische en politieke problemen, evenals ernstige catastrofes. Alle volkeren op de wereld zijn op zoek naar een veilige uitgang van dit stadium.

Osoul Global Center introduceert een korte biografie over Profeet Mohammed ﷺ en zijn leringen die de harten van miljoenen mensen op de aarde verhelderen.

Toen zijn metgezellen en aanhangers oprecht in Gods laatste Bericht geloofden en de leringen van Zijn boodschapper Mohammed (vrede op hem) hebben toegepast, waren ze in staat om de wereld te leiden en rechtvaardigheid, genade en welwillendheid te verspreiden waar ze ook al kwamen.

De huidige complicaties in de wereld zijn echter steeds groter geweld en terrorisme. Ze veroorzaken negatieve media en oneerlijke associatie met de leer van de profeet Mohammed ﷺ.

Na het lezen van dit boek, dat wordt ondersteund door authentieke vertellingen, nodigen wij onze niet-moslimlezers uit om objectief en onpartijdig te zijn. Wanneer zij het boek zorgvuldig lezen en reflecteren op de biografie van Profeet Mohammed ﷺ, zullen ze een eerlijke conclusie bereiken. God zegt in de Koran: "En Wij hebben u niet gestuurd, maar als genade voor de werelden" Quran 21: 107

Wij vragen onze Heer, de schepper van het universum en alle wezens om ons te leiden naar het ware en rechte pad.

Osoul centrum

Inhoud

Hoofdstuk

1

Getuigenissen

John Adair

auteur van "De Leiding van Mohammed". Leerstoel Leiderschapsstudies van het VN System Staff College in Turijn

"In het islamitische denken waren voorbeeldige leiders tegelijkertijd zowel verheven als nederig, visionair en inspirerend, maar eveneens toegewijd aan het in dienst staan van hun volk. Als u deze bladzijden leest zult u, naar ik hoop, zelf in staat zijn te beoordelen in welke sterke mate Mohammed dit ideaal benadert. Zoals ik het zie in dit boek, is dat dit ideaal - waarvan meer dan eens een glimp werd opgevangen tijdens het leven van de Profeet Mohammed - zeer sterk overeen komt met wat we weten over de universele waarheid wat betreft de aard en praktijk van dit leiderschap."

William Montgomery Watt

(1909-2006 / Schots geschiedkundige en professor emeritus Arabische en islamitische studies aan de Universiteit van Edinburg. Auteur van "Mohammed van Mekka", Oxford, 1953, blz. 52)

"Zijn bereidheid om vervolgd te worden omwille van zijn geloof, de hoogstaande moraal van de mannen die in hem geloofden en naar hem op keken als leider, en het grootse van zijn uiteindelijke verwezenlijking - alles levert bewijs van zijn fundamentele integriteit. Geen enkele van de grote historische figuren krijgt zo weinig erkenning in het Westen als Mohammed."

Mahatma Gandhi

(1869-1948 / politiek en geestelijk leider van de Indiase onafhankelijkheidsbeweging)

"Ik wou te weten komen wie de beste was, die heden ten dage zonder discussie de harten van miljoenen mensen had veroverd. Ik raakte méér dan overtuigd dat de plaats van de islam in de dingen des levens niet met de wapens was veroverd. Het was de strenge eenvoud, de totale zelfverloochening van de Profeet Mohammed, het nauwgezette respect voor zijn geloften, zijn diepgaande toewijding aan vrienden en volgelingen, zijn onverschrokkenheid, zijn onbevreesdheid, zijn absolute vertrouwen in God en zijn zending. Toen ik het tweede deel (van zijn biografie) dichtsloeg, vond ik het jammer dat er niet méér te lezen was over dit grootse leven."

Alphonse de Lamartine

(1790-1869 / dichter, schrijver en politicus, "Geschiedenis van Turkije", Parijs, 1854, deel II, blz. 276-277)

"Filosoof, redenaar, apostel, wetgever, krijger, veroveraar van ideeën, hersteller van rationeel dogma en van een beeldloze cultus ; de stichter van twintig aardse rijken en van één spiritueel rijk. Dat is Mohammed. Wat de normen betreft waaraan menselijke grootheid wordt afgemeten, mogen we ons wel degelijk afvragen of er een groter man is dan hij ?"

William Durant

(1885-1981 / geschiedkundige, filosoof en schrijver. Auteur van "Het verhaal van de beschaving", deel 4, vol. 4, blz. 25)

"Zijn naam, die "hooggeëerde" betekent, leent zich uitstekend tot bepaalde bijbelse passages die zijn komst voorspelden. Men heeft er geen weet van dat Mohammed zélf iets geschreven heeft; hij maakte gebruik van een schrijver. Zijn schijnbare ongeletterdheid heeft hem er niet van weerhouden om het beroemdste en welsprekendste boek in de Arabische taal samen te stellen (t.t.z. het overbrengen van de Heilige Koran, aan hem geopenbaard en aldus beschouwd), of van het verwerven van het soort begrip van het leiden van mensen zoals dat slechts zelden aan hoogopgeleide mensen wordt vergund."

N.B.* : *het woord "schrijver" betekent "iemand die opschrijft wat hem gedicteerd wordt". William Durant gebruikte het woord "samenstellen", hetgeen vanuit het islamitisch standpunt niet wordt aanvaard, aangezien moslims geloven dat de Heilige Koran een letterlijke Goddelijke openbaring van Allah (Heer van alle Wezens) aan Mohammed is, via de Aartsengel Gabriël.

Johann Wolfgang Von Goethe

(1749-1832 / groot Europees dichter, "Noten und Abhandlungen zum west-östlicher Diwan", WA I, 7, 32)

"Hij is een profeet en geen dichter, bijgevolg moet zijn Koran beschouwd worden als Goddelijke Wet, en niet als het boek van een mens, dat gemaakt werd om op te voeden of te onderhouden."

Thomas Carlyle

(1795-1881 / geschiedkundige, filosoof en auteur van "Helden en Heldenverering en Heroïek in de Geschiedenis")

"Hoe één man, eigenhandig, oorlogvoerende en zwervende Bedoeïenenstammen tot een uiterst krachtige en beschaafde natie kon smeden in minder dan 2 decennia."

Voetnoot : *Thomas Carlyle probeerde een schets te maken van de ontwikkeling van het menselijk verstand door historische personages als parameter te gebruiken, en gaf de Profeet Mohammed een bijzondere plaats in het boek onder de titel van het hoofdstuk "Een held als profeet". Carlyle gaf uiting aan zijn bewondering door Mohammed te omschrijven als een Hegeliaanse hervormingskampioen.*

Eerwaarde Reginald Bosworth Smith

("Mohammed en mohammedanisme", Londen, '74, blz. 92)

"Zowel staats- als kerkelijk leider, was Mohammed keizer en paus in één; hij was echter paus zonder de aanspraken van de paus, keizer zonder keizerlijke legioenen, zonder een staand leger, zonder lijfwacht, zonder paleis, zonder vast inkomen. Als er ooit iemand was die het recht had om te zeggen dat hij regeerde vanuit Goddelijk Recht, dan was het wel Mohammed, want hij beschikte over alle macht zonder de machtsmiddelen en zonder machtssteun. Hij was onverschillig voor de tekenen van macht. De eenvoud van zijn privé- kwam overeen met zijn openbaar leven."

Leo Tolstoy

(1828 - 1910) Bekende Russische schrijver en novelist. Schrijver van :"War and Peace".

"Er is geen twijfel dat de profeet Mohammed een van de grootste hervormers is die het sociale kader heeft gevormd. Het volstaat dat hij een hele natie leidde tot de verlichting van de waarheid en maakte het meer geneigd naar rust en vrede, en belette het vergieten van bloed en het geven van menselijke offers.Hij heeft de poort naar ontwikkeling en beschaving wijd open gezet voor zijn volk. Dit is een grote daad, dat alleen een sterke man kan doen en een man zoals hij verdient te worden beschouwd, met respect en bewondering ."

Maurice Bucaille

(1920 - 1998) Franse medische dokter en specialist in gastroenterologie. Lid van de franse gemeenschap van Egyptologen.Schrijver van "The Bible,The Qur'an and Science

"De islam leert dat God de mens de kunde heeft gegeven om zaken objectief en systematisch te beredeneren. Gezien de stand van de kennis in Mohammeds dagen, is het ondenkbaar dat de uitspraken in de koran die verbonden zijn met de wetenschap het werk van de mens kunnen zijn. Een volstrekt objectief onderzoek van de koran in het licht van de moderne kennis, leidt ons naar het inzicht dat deze nauw tot elkaar komen ."

اقرا باسم ربك
الذى خلق
خلق الانسان
من علق
2006
غار حراء

Dit is het woord "Mohammed" in het Arabisch, in vormelijke stijl geschreven. Het lijkt op het bovenste deel van een moskee, met een koepel in het midden. Bemerk dat de letter "h" de koepel is in het woord "Mohammed". Het lagere deel van de moskee wordt gevormd door de zin "rasoolu-Allah" wat "Boodschapper van God" betekent.

De zeshoek wordt gevormd door het Arabische woord "Mohammed", in verschillende Arabische kalligrafische stijlen geschreven en zes keer herhaald.

Met dank aan beeldend kunstenaar dhr. Farid Al-Ali

Het woord "Mohammed" betekent in het Arabisch iemand die zeer sterk, vaak en herhaaldelijk geprezen wordt omwille van zijn goede daden, bijgevolg een "prijzenswaardig iemand."

Hoofdstuk

2

Zijn karakter

Portret van Mohammeds ﷺ eigenschappen :
Documentatie van persoon en kenmerken zoals gezien door zijn metgezellen.
Geproduceerd door de Spaanse Kunstenares: Nuria García Masip

Zijn karakter

In tegenstelling tot de oprichters van de grote geloofstradities vóór zijn tijd, is de profeet Mohammed ﷺ veel meer een herkenbare historische figuur omdat zijn metgezellen en familieleden vele verhalen uit zijn leven .voor het nageslacht hebben geregistreerd

Hoe zag hij er uit?

Mohammed ﷺ was een blanke man met een rozige tint. Hij was een beetje groter dan gemiddeld. Hij was goed gebouwd, met brede schouders. Zijn buik stak nooit voorbij zijn borst, van opzij gezien. Hij stapte kwiek en stevig, de voet boven de grond geheven.

Mohammeds ﷺ metgezellen beschreven hem als een knappe man met vooruitstekend voorhoofd, opwippende neus, lange wimpers, grote zwarte ogen, goed gebit en een aangename glimlach. Zijn haar krulde lichtjes en hij had een volle baard.

Zijn metgezellen vermeldden dat hij een vriendelijk en helder vollemaansgezicht had. Hij lachte niet luidop ; zijn lach was meestal een glimlach die tanden toonden, die wat weg hadden van hagelstenen. Zijn opgewektheid en open persoonlijkheid werden door iedereen gevoeld.

Zijn aard

Mohammed ﷺ was zonder mankeren opgewekt, gemakkelijk van aard, en had zachte manieren. Hij was geen luidruchtige grootspreker, noch grofbespraakt. Hij zocht niet naar fouten, maar prees ook niet overmatig.

Zijn manier van spreken

Mohammed ﷺ sprak niet onnodig, en wat hij zei was ter zake, en niet omfloerst. Zijn woorden waren precies en beknopt, elk woord vol van betekenis. Hij praatte vloeiend, zonder overdrijving of abnormale kortheid.

Wanneer hij een punt beklemtoonde, herhaalde hij dat vaak drie maal met een gebaar. Hij sprak nergens over, behalve in de hoop er door God voor beloond te worden. Hij zei dit aan zijn metgezellen :

"Ik garandeer een huis aan de rand van het Paradijs voor degene die controverse verlaten of argument zelfs als hij gelijk heeft, en ik garandeer een huis in het midden van het Paradijs voor degene die stoppen met liegen, zelfs als hij een grapje maakte, en ik verzeker een huis in het hoogste deel van het Paradijs voor degene die zich gedraagt met een goede manier." (Sahih Abu Dawood, 4974/4800)

Passies van de Profeet

Hij hield zijn gevoelens stevig in bedwang. Wanneer hij verveeld zat met iets, draaide hij zich weg of sprak niet. Wanneer iemand door handeling de wet van God schond, toonde hij grote woede en tegenstand. Niemand durfde het om tegen zijn boosheid in te gaan wanneer het ging om iets wat de Goddelijke waarheid tegensprak, tot hij daarin zegevierde, maar hij werd nooit woedend omwille van zichzelf.

Hoe hij met mensen omging

Mohammed ﷺ groette anderen altijd als eerste en trok zijn hand niet terug van de begroeter vòòr deze dat deed. Om het even wie hem op het onverwachts zag, bewonderde en achtte hem. En degenen die hem vaak zagen of met hem omgingen, beminden hem. Hij was zachtaardig van nature. Hij was tegen niemand ruw of minachtend.

Wanneer hij anderen aankeek, keek hij hen recht in het aangezicht. Als iemand hem riep, draaide hij niet alleen het hoofd, maar gaf hij met heel zijn lichaam aandacht.

Als hij een groep bezocht, nam hij plaats op de dichtst beschikbare plek. Hij droeg zijn metgezellen op zijn gedragswijze te volgen. Hij gaf zijn volledige aandacht aan degenen die dicht bij hem zaten, op zo'n manier dat niemand kon denken dat een ander de voorkeur kreeg. Hij behield zich geen vaste zitplaats voor tussen de anderen. Hij was eerlijk tegenover zijn gezellen en alle mensen. Deugd en toewijding aan God was het enige waardoor zij werden onderscheiden.

Zijn levenswijze

Alles wat hij deed was gematigd zonder overdrijving of weerbarstigheid. Hij gaf noch commentaar op het eten of drinken dat voor hem werd bereid, noch overdreven lof.

Wanneer hij thuis was, verdeelde hij zijn tijd in drieën : een deel voor God, één voor zijn familie en één voor zichzelf. Hij nam deel aan het huishoudelijk werk, en soms herstelde hij zijn eigen kleren of schoenen, of veegde hij de vloer aan. Hij kleedde zich gewoonlijk goed en rook aangenaam. (Sahih Bukhari, Hoofdstuk: Kitabul Adab)

Na het ochtendgebed bleef hij in de moskee zitten om de Heilige Koran op te zeggen en Allah te prijzen, totdat de zon opkwam Na middernacht stond hij op voor de Tahajjud gebeden, die hij niet één keer in zijn leven oversloeg. (Bukhari, Sahih Bukhari).

Alles wat hemzelf of zijn familie werd gegeven bij wijze

van zakat of sadaqa (vormen van liefdadigheid) werd door hem onwettig verklaard. Daarin was hij zo secuur, dat hij weigerde ook maar iemand van zijn familie aan te stellen als zakat-inzamelaarZijn huis was niet meer dan een hut met muren van ongebakken klei en een strodak van palmbladeren, bedekt met kamelenhuiden.

Mohammed ﷺ zei : "Wat heb ik met aardse dingen te maken ? De enige band die ik heb met de wereld is als die van een reiziger, die even uitrust in de schaduw van een boom, en dan weer verder trekt."

(2/666- 2788, Musnad Ahmad, Narrated by Abdullah bin Abbas)

Toen hij stierf, liet hij geen geldstuk of enig bezit na, behalve zijn witte muilezel en een stuk grond, bestemd voor de gemeenschap. (Sahih Bukhari).

Hoofdstuk

3

Biografie

Persoon en kenmerken van Mohammed

Naam	**Mohammad ﷺ**
Naam van vader	Abdullah, zoon van Abdul-Mutallib (voorouderlijke lijn gaat terug tot de profeet Ismaël, zoon van de profeet Abraham)
Familienaam	Hij stamde uit de familie Bani-Hashim (van Quraysh, een stam die hoog aangeschreven stond in Arabië)
Geboortedatum	20- 22 April, jaar 570[1] ongeveer
Geboorteplaats	De stad Mekka – Arabisch schiereiland (in huidig Saoedi-Arabië)
Sterfdatum	6 juni, jaar 632 (hij was 63 jaar oud toen hij overleed) ongeveer
Plaats overlijden en begrafenis	De stad Medina (ongeveer 400 kilometer ten noorden van Mekka)

Kindertijd en jeugd

Geboorte – 2° jaar	Mohammed had broers noch zusters. Zijn vader stierf vòòr zijn geboorte. Zijn moeder bracht hem uit Mekka om gezoogd te worden door een min, Halima genoemd (dit was een oud Arabisch gebruik.)
2° tot 6° jaar	HIJ woonde bij zijn moeder, Amina, tot zij stierf in het jaar 576.
6° tot 8° jaar	Hij woonde bij zijn grootvader, Abdul-Muttalib, tot deze stierf.
8° tot 25° jaar	Hij woonde bij zijn oom van vaderszijde, Abu-Talib, die tien kinderen had.

Opleiding

Mohammed ﷺ was ongeletterd: Hij woonde nooit buiten Mekka en zocht geen kennis van daarbuiten. Moslims geloven dat Mohammed de "Heilige Koran" aan alle mensen overbracht als de Boodschap van God en Zijn Boek. Hij bracht het letterlijk en woordelijk over zonder enig deel ervan met eigen woorden te parafraseren.

Mohammeds uitspraken en lessen werden niet vermengd met de Heilige Koran: Deze werden verzameld in boeken die men "de Soenna van de Profeet" noemt, hetgeen betekent : zijn lessen, levenswijze en verklaring van het Boek (de Koran)".

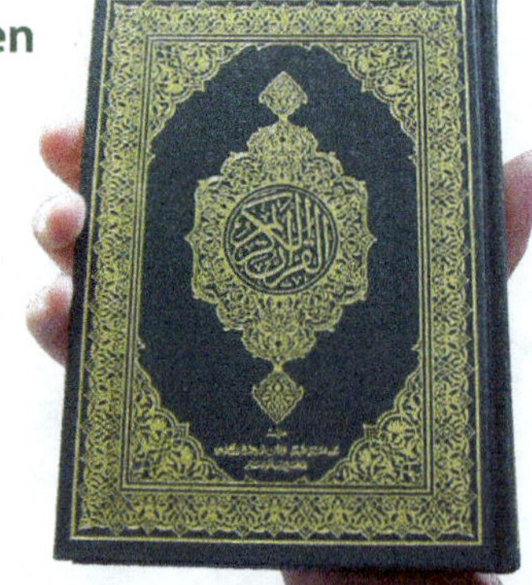

Leven en werken

Kindertijd – midden 20	Hij werkte enige tijd als herder (het hoeden van schapen en geiten voor anderen). Daarnaast werkte hij in de handel bij zijn oom Abu-Talib. Volgens authentieke vertellingen was Mohammed 12 jaar toen hij zijn oom voor het eerst vergezelde op een handelsreis naar Syrië.
Midden 20 – 40 jaar	Hij werkte als koopman of handelaar voor een welgestelde vrouw, Khadija, die een algemeen handelsbedrijf bezat (men kocht allerlei goederen in één streek en verkocht die in een andere). Hij was beroemd om zijn trouw, integriteit en betrouwbaarheid. Het duurde niet lang voor hij de titel **"As-Sadiqul Ameen"** verdiende , hetgeen "de oprechte en betrouwbare" betekent.
40 jaar – 63 jaar	Toen hij 40 jaar oud was (in het jaar 610), ontving Mohammed de goddelijke openbaring, en wijdde hij zijn leven aan het overbrengen van Gods Boodschap aan alle mensen. Hij leerde de mensen de enigheid van God en bracht het Boek van God over (de Koran), dat aanspoort tot sociale rechtvaardigheid, vrede, eensgezindheid en welbevinden.

Huwelijksleven

Gehuwd met één vrouw gedurende 25 jaar : Mohammed huwde Khadija, de dochter van Khuwaylid, die uit een edele familie stamde, Asad[2].

Zij was in haar gemeenschap een gerespecteerde vrouw en weduwe. Mohammed werkte twee jaar voor haar vooraleer zij hem, via een derde partij, een huwelijk voorstelde. Zij vond hem een zeer loyaal, open en moreel mens.

Gelukkig gehuwd: Khadija was dan wel 15 jaar ouder dan Mohammed, maar beiden kwamen uit dezelfde klasse in de gemeenschap.

Het leeftijdsverschil was geen beletsel voor het uitbouwen van een geslaagd huwelijk dat 25 jaar duurde, tot Khadija op 65-jarige leeftijd stierf, in het jaar 619. Mohammed hertrouwde na de dood van Khadija.

Vader van 6 en een familiemens:

Mohammad & Khadijah leefden in eensgezindheid en vrede : zij hadden vier dochters (Zaynab, Ruqayya, Um Kulthoum en Fatima) en twee zoons (Al-Qassim die op drie jarige leeftijd stierf, en Abdullah, die stierf toen hij vier was.)

Mohammed hield van Khadija en was loyaal tegenover haar en de kinderen.

Bij verschillende gelegenheden beschreef hij haar als de beste vrouw van haar tijd, gelijk aan Maria, de moeder van Jezus, die de beste vrouw van hààr tijd was.
(verteld door Bukhari)

Mohammed bracht veel tijd door met zijn gezin, hielp zijn vrouw bij huishoudelijke taken, herstelde zijn eigen kleren en lette op de kinderen.

Foto van de Baqee Begraafplaats, die zich naast de Profeet Mohammed-Moskee in Medina bevindt. Enkele van Mohammeds gezellen, verwanten, vrouwen en kinderen werden hier begraven.

Al-Mala begraafplaats in Mekka, waar Khadija werd begraven

Boodschap volbracht in 23 jaar

Jaar 610

Begin van de goddelijke openbaring

Mohammed ontving de Boodschap van God[3]. Hij werd aangewezen als de Boodschapper van God om het Woord van God aan de mensheid door te geven. Een zending die een sterk geloof, toewijding, engagement en eerlijkheid vereiste.

Jaar 610 – jaar 612

Vorming van de kernislam

Mohammed nodigde zijn vrienden, zijn intieme kring en hoogstaande mensen uit om de islam te aanvaarden. Tijdens de eerste drie jaar na de profetie [openbaring] aanvaardden zo'n 130 mensen de islam, en werden zo een sterke kern die in staat was de islam openlijk te verspreiden. Deze moslims van het eerste uur waren een mengsel van rijke en arme lieden.

Jaar 613 – jaar 615

Weerstand tegen zijn openlijke uitnodiging:

Mohammed en zijn volgers begonnen openlijk met de mensen te praten over de islam. Hoewel Mohammed gekend was als een betrouwbaar en eerlijk man, weigerden de leiders van Mekka zijn uitnodiging om de islam aan te nemen, en zij verzetten zich tegen hem. Zij noemden hem een dichter, een tovenaar en een gek.

Mohammed wordt verleid en bedreigd: De leiders van Mekka probeerden Mohammed af te brengen van zijn oproep tot islam aan de mensen, met verleiding en bedreiging.

Tegelijkertijd trachtten zij mensen te verhinderen om naar hem te luisteren. Zij toonden groeiende vijandigheid tegenover de nieuwe moslims. Arme en zwakke moslims werden vervolgd en gefolterd.

Mohammed steunt zijn volgelingen en stuurt sommigen naar Abessinië: Mohammed stond zijn volgelingen zeer na. Hij ontmoette hen vaak in het Al-Arqamhuis, dat een soort klein college was. Hij bracht hen waarden en normen bij, en vulde hen met gevoelens van verantwoordelijkheid en toewijding. Mohammed zag het lijden en de verwikkelingen die sommigen van zijn volgelingen ondergingen, en gaf hen de raad toevlucht te zoeken in Abessinië, dat hij beschreef als een deugdzaam land, geregeerd door een christelijke koning, onder wie niemand onrechtvaardig werd behandeld.

Twee invloedrijke mannen nemen de islam aan : Twee krachtige en alom gerespecteerde mannen uit Mekka namen de islam aan : Omar Bin Al-Khattab en Hamza Bin Abdul-Muttalib (Mohammeds oom). Dit betekende een belangrijk keerpunt voor de moslims. Hamza werd een sterk medestander en beschermer van Mohammed, tot hij (Hamza) omkwam in de Slag van Uhud (jaar 625). Drie jaar na het overlijden van de Profeet Mohammed werd Omar de tweede kalief, en regeerde 11 jaar lang de islamitische staat.

Jaren 616- 618

Mohammad geboycot: Leiders van Mekka sloten Mohammed en zijn volgelingen uit, en legden hen een sociale en economische blokkade op, die drie jaar duurde. Gedurende die periode ondergingen Mohammed en zijn volgelingen vele moeilijkheden. Deze tijdsspanne vormde een zware beproeving van hun geduld, geloof en toewijding aan de waarheid.

Jaren 619- 620

Een droevig jaar: Aangezien de socio-economische blokkade nutteloos bleek, werd deze opgeheven door de leiders van Mekka. In datzelfde jaar stierven Mohammeds vrouw Khadija en zijn oom Abu-Talib. Mohammed verloor zijn hoop in Mekka, en besloot om buiten de stad de Boodschap van God te brengen en steun te zoeken. Hij trok naar de stad Ta'if, maar werd er met vijandigheid tegemoet getreden[4]. Daarnaast sprak hij met meer dan 20 Arabisch (volks)stammen over de islam, maar hij kreeg geen positieve reactie.

Jaren 620- 622

Een sprankel hoop: Mohammed ontmoette tijdens de periode van bedevaart zes mensen uit Yathrib (een stad op 450 kilometer ten noorden van Mekka) en sprak met hen over de islam. Zij geloofden Mohammed en keerden terug naar hun stad met de bedoeling om nog meer mensen van hun eigen stam en van andere in Yathrib uit te nodigen. Zij stemden er in toe om het volgende jaar naar Mekka terug te keren tijdens de bedevaartsperiode om Mohammed opnieuw te ontmoeten.

Nieuwe moslims zweren trouw aan Mohammed

De zelfde groep keerde het volgende jaar (621) met nog eens zes mensen erbij. Zij zwoeren trouw aan Mohammed , hem aanvaardend als de Boodschapper van God, en beloofden hem het volgende[5]:

(1) geen ander dan Allah te aanbidden, de Ene God, (2) niet te stelen, (3) geen overspel te plegen, (4) niet te doden, (5) hun naasten niet te belasteren (6) de Boodschapper van God te gehoorzamen.

De groep keerde terug naar Yathrib, en nodigde hun leiders en volk er toe uit om de islam te aanvaarden. Zij keerden opnieuw terug in het daaropvolgende jaar (622) in de bedevaartsperiode, met meer dan 70 mannen en 2 vrouwen. Een gelijkaardige eed van trouw werd opnieuw afgelegd voor de Profeet Mohammed.

Aqaba of Al-Bay'aa Moskee

Vorming van een nieuwe moslimgemeenschap 450 km ten noorden van Mekka: De leiders van de twee belangrijkste stammen van Yathrib (Aws en Khazraj) namen de islam aan, en bijgevolg werden hun mensen ook moslim. De profeet Mohammed werd naar Yathrib uitgenodigd om er heerser en leider te worden.

Jaar 622

leiders van Mekka spannen samen om Mohammed te vermoorden ; begin van migratie naar Yathrib: De zaken stonden er in Mekka steeds slechter voor. Mohammed vroeg de moslims in Mekka[6] naar Yathrib te verhuizen. Toen zij dit deden, volgde Mohammed hen naar Yathrib in september 622. Zijn vertrek betekende het grootste keerpunt in de islamitische geschiedenis. De islam bloeide vanuit Yathrib, er werd een islamitische staat gevestigd, en een rechtvaardige sociale orde werd geboren.

Jaren 623-624

Mohammed verkozen tot heerser van Yathrib:

Het volk van Yathrib was een mengeling van Arabieren en joden. Hoewel er twee belangrijke Arabische gemeenschappen leefden en drie kleinere joodse stammen, waren die van de Arabieren groter dan de joodse, en zij hadden de bestuursmacht. Mohammed, de "Profeet van God", werd in alle vrijheid en vrede gekozen als heerser van Yathrib door de meerderheid van het volk.

Mohammed verandert de naam van de pluralistische gemeenschap: "Medina" was de nieuwe naam die door Mohammed aan de stad Yathrib werd gegeven.
Na het vertrek van de moslims van Mekka behoorde Yathrib niet meer alleen aan een bepaalde groep Arabieren; in plaats daarvan werd het het thuisland van gelovigen die de islam aanvaard hadden.

Aangezien er in Yathrib joodse stammen en andere Arabische volkeren waren die de islam niet hadden aangenomen, noemde Mohammed de plaats niet "stad van de islam". In plaats daarvan werd het "Al-Madinah", hetgeen "De Stad" betekent, waar alle inwoners gelijke rechten hadden.

Mohammed roept op tot vrede en eenheid in Medina: Toen hij zich voor de eerste keer in het openbaar tot het volk van Medina richtte, hield hij een kernachtige toespraak ter bevordering van eensgezindheid en sociale verbondenheid

> Hij sprak : "O volk, zoek en verspreid vrede en geef voedsel aan elkaar, zorg voor uw verwanten en bid 's nachts tot God terwijl anderen slapen, zodat gij het genoegen van God verwerft en Zijn paradijs binnentreedt." (Ibn Majah, 4331) and (Tirmidhi, 5842)

Mohammed verbond deze handelingen aan het genoegen van God, om mensen er toe aan te zetten in vrede en eensgezindheid binnen een multiculturele gemeenschap te leven.

Biografie

Jaren 623-624

Mohammed stelt de eerste overeenkomst op met joden en handvest van mensenrechten en vrijheden: De meeste joden hoopten dat de laatste profeet van joodse oorsprong zou zijn. Hoewel de meerderheid van de Joden Mohammed niet als boodschapper van God accepteerde, creëerde hij (als politieke leider) de eerste overeenkomst met joden. Het werd aanvaard en ondertekend alle Arabische en Joodse stammen.

De "overeenkomst" garandeerde de vrijheid van aanbidding voor moslims en joden, evenals Arabieren die de islam niet accepteren.

Daarnaast beschermde de overeenkomst de veiligheid en veiligheid van alle burgers in Madinah en verplicht alle partijen om deel te nemen aan de nationale defensie indien Madinah door vijanden wordt aangevallen. De overeenkomst verklaarde rechtvaardigheid, mensenrechten, vrijheden en verbod op misdaad en immorele praktijken.

Jaar 624

De onvermijdelijke Slag van Badr: Toen moslims van Mekka naar Medina verhuisden, werden velen van hen gedwongen hun huizen te verlaten, en hun goederen werden aangeslagen.

Locatie van het slagveld van Badr

De leiders van Mekka gebruikten het aangeslagen kapitaal in handel en zaken. Moslims waren op de hoogte van een handelskaravaan die eigendom was van de leiders van Mekka, aangevoerd door hun vijand Abu-Sufyan, die een handelsroute dicht bij Medina zou volgen.

Mohammed riep de moslims op deze karavaan te grijpen ter compensatie van hun vermogen dat in Mekka was aangeslagen. Een sterkte van slechts 313 moslims ondernam de missie. De inlichtingendienst van Mekka adviseerde Abu-Sufyan om de route van de handelskaravaan te verleggen. Daar bovenop zond Mekka een legermacht van 950 soldaten om de moslimkrijgers, die niet voorbereid waren op oorlog en nauwelijks bewapend, te bevechten.

Tot ieders verbazing en buiten alle verwachting wonnen de moslims hun eerste krijg tegen de meesters van Mekka, en belangrijke personen sneuvelden in de strijd.

Jaar 625

Mohammed en zijn volgelingen aangevallen door de leiders van Mekka in de Slag van Uhud: Ter vergelding van hun verliezen in de Slag van Badr, en uit vrees om hun leidende positie in Arabië kwijt te raken, zonden heersers van Mekka (samen met enkele Arabische bondgenoten) een leger van 3000 soldaten uit om de moslims aan te vallen bij de berg van Uhud, ten noorden van Medina.

Locatie: Uhud - Madinah - Saoedi Arabië

De moslims verloren dit gevecht en Mohammed raakte gewond, maar werd gered. In de Slag van Uhud werden velen van Mohammeds gezellen gedood, waaronder zijn geliefde oom Hamza.

Martelaren van de Slag van Uhud, Uhud begraafplaats – Medina – Saoedi-Arabië

Jaar 626

Volk van Mekka en andere stammen vallen Mohammed en zijn volgelingen aan in de "Slag van de Gracht": Deze slag wordt ook wel de "Slag van de Bondgenoten" genoemd. Aangezien Mohammed in de vorige slag niét was gedood, riepen leiders van Mekka en enkele Arabische en joodse stammen op tot een gezamenlijke inspanning en een alomvattende aanval om Mohammed te doden en de moslimgemeenschap te vernietigen. Tienduizend soldaten trokken op naar Medina. Nadat hij zijn metgezellen geraadpleegd had, besliste Mohammed het voorstel aan te nemen van een Perzische moslim, Salman, om aan de noordelijke toegangsweg van Medina een gracht te graven (5.5 kilometer lang en 4.6 meter breed). De moslims bevonden zich in een uiterst benarde situatie, en deden hun best zich te verdedigen, met inbegrip van psychologische oorlogsvoering. Na een beleg van een maand werd het heidense leger ongeduldig, en er staken krachtige stormen en wind op, die de bondgenoten dwongen hun tenten op te breken en terug te trekken.

627 CE

10-Jaar Wapenstilstand!

Verdrag van Hudaybiya, een wapenstilstand van 10 jaar: Een jaar na de Slag van de Gracht nam Mohammed een vreedzaam initiatief tot "Umrah" (het bezoeken van de Ka'ba en het voltrekken van andere godsdienstige rituelen). Het bezoeken van Mekka ter aanbidding was een godsdienstig recht, waarvan Mekka het op zich had genomen aan alle volkeren van Arabië te geven.

Het was een enorme verrassing voor de leiders van Mekka om Mohammed de stad te zien naderen, met 1400 burgers van Medina.

Na veel onderhandelen werd een wapenstilstand gesloten tussen de meesters van Mekka en Mohammed voor een duur van tien jaar, in welke periode Mohammed en zijn metgezellen naar huis terugkeerden, onder de voorwaarde Mekka opnieuw te bezoeken in het volgende jaar (628). Het verdrag bevatte veel andere voorwaarden die teleurstellend waren voor de moslims, omdat zij voornamelijk voordelig waren voor Mekka.

Jaren 628- 629

tijdens de wapenstilstand draagt Mohammed de Boodschap van God uit binnen en buiten Arabië: De wapen-stilstand was voor Mohammed een gouden gelegenheid om de boodschap van God uit te dragen en vrijelijk met de mensen over de islam te spreken, zonder tegengehouden of door andere krachten onderschept te worden. Mohammed zond afgevaardigden naar andere stammen in Arabië en schreef brieven naar heersers en koningen van naburige landen en grootmachten zoals Perzië, Byzantium en Egypte, waarin hij hen uitnodigde om de islam aan te nemen als "de Boodschap van God". Naarmate mensen de waarheid vonden in de islam, werd het aantal moslims groter.

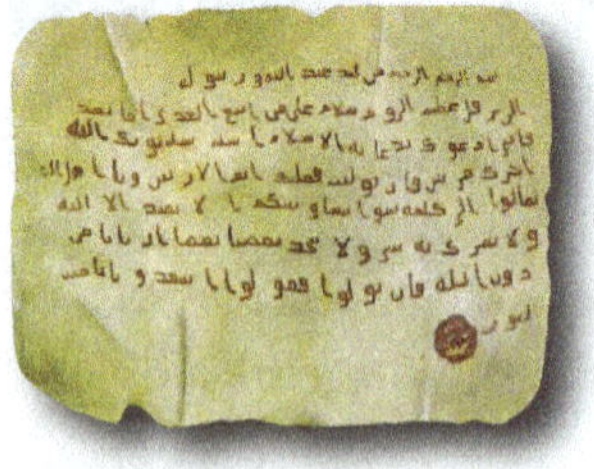

Jaar 630

Vreedzame verovering van Mekka: Binnen nog geen twee jaar werd de wapenstilstand door Mekka gebroken, toen haar bondgenoten twintig moslims doodden.

In antwoord op deze schokkende daad, trok Mohammed op tegen Mekka met 10 000 moslims om de stad te veroveren, maar hij droeg zijn soldaten op tegen niemand te strijden, tenzij zij zelf werden bevochten.

De leiders van Mekka waren in verlegenheid gebracht, en niet klaar om tegen de moslims te strijden. Toen het moslimleger in Mekka aankwam, sprak Mohammed de bevolking van de stad toe : hij bevestigde de uniciteit van God, schreef Hem de overwinning toe en herinnerde het volk er aan dat allen afstamden van Adam, en dat Adam uit het stof der aarde was geschapen. Daarop vroeg hij aan het volk van Mekka:

"Wat verwacht gij dat ik met u zal doen ?" Zij antwoordden: "We hopen het beste. Tenslotte zijt gij een genadige broeder en een hoffelijke neef geweest."

Voorbeeldige vergevingsgezindheid: Ondanks de problemen die het volk van Mekka de voorbije 21 jaar had veroorzaakt, gedroeg Mohammed zich op moreel voorbeeldige wijze. Hij antwoordde : "Heb geen angst vandaag. Ga heen (naar uw huizen), gij zijt vrij." Mohammeds toespraak had veel invloed, en velen kwamen tot hem om trouw te zweren en de islam aan te nemen.

(Sunan Al-Bayhaqi, 9/118, 18342, 18343)

Jaren 630 - 631

Arabische stammen nemen de islam aan : Na de vreedzame verovering van Mekka kwamen afvaardigingen van over heel Arabië om over de islam te leren. De meeste Arabische stammen namen de islam aan, met uitzondering van de Hawazen-stam, die de moslims bestreed, en uiteindelijk verslagen werd in de Slag van Hunayn. Mohammed zond velen van zijn metgezellen uit naar diverse provincies in Arabiê om de mensen te onderwijzen in de "Boodschap van God", de islam.

Op dat zelfde moment sloeg Mohammed alle afgodsbeelden neer in en rond de Ka'bah (Huis van God), die opgericht was door de profeet Abraham ter ere van de ene God (de Schepper van het universum en alle wezens

Biografie

Jaar 632

Mohammeds afscheidstoespraak: De boodschap van Mohammed was volbracht, en zijn leven liep ten einde. In het jaar 632 ging Mohammed op bedevaart, en predikte een laatste keer voor meer dan 100 000 mensen.

Zijn preek herinnerde de mensen aan de fundamentele elementen van het geloof, het geloof in Eén God, de heiligheid van het leven, welstand en bezit, gelijkheid van alle rassen, regels der rechtvaardigheid, rechten en plichten van de vrouw, uitbuiting en alleenrecht, ethiek en de rechten van anderen.

Mohammed gaat heen. ﷺ

De profeet Mohammed overleed thuis in Medina, in het jaar 632, en liet slechts weinig bezittingen na. Hij liet geen geld of rijkdom na, behalve een geloofserfenis, die nog steeds de harten van miljoenen mensen op aarde doet schijnen met het licht van God.

> *"Vergissing is menselijk, vergiffenis is Goddelijk"* - *Alexander Pope*

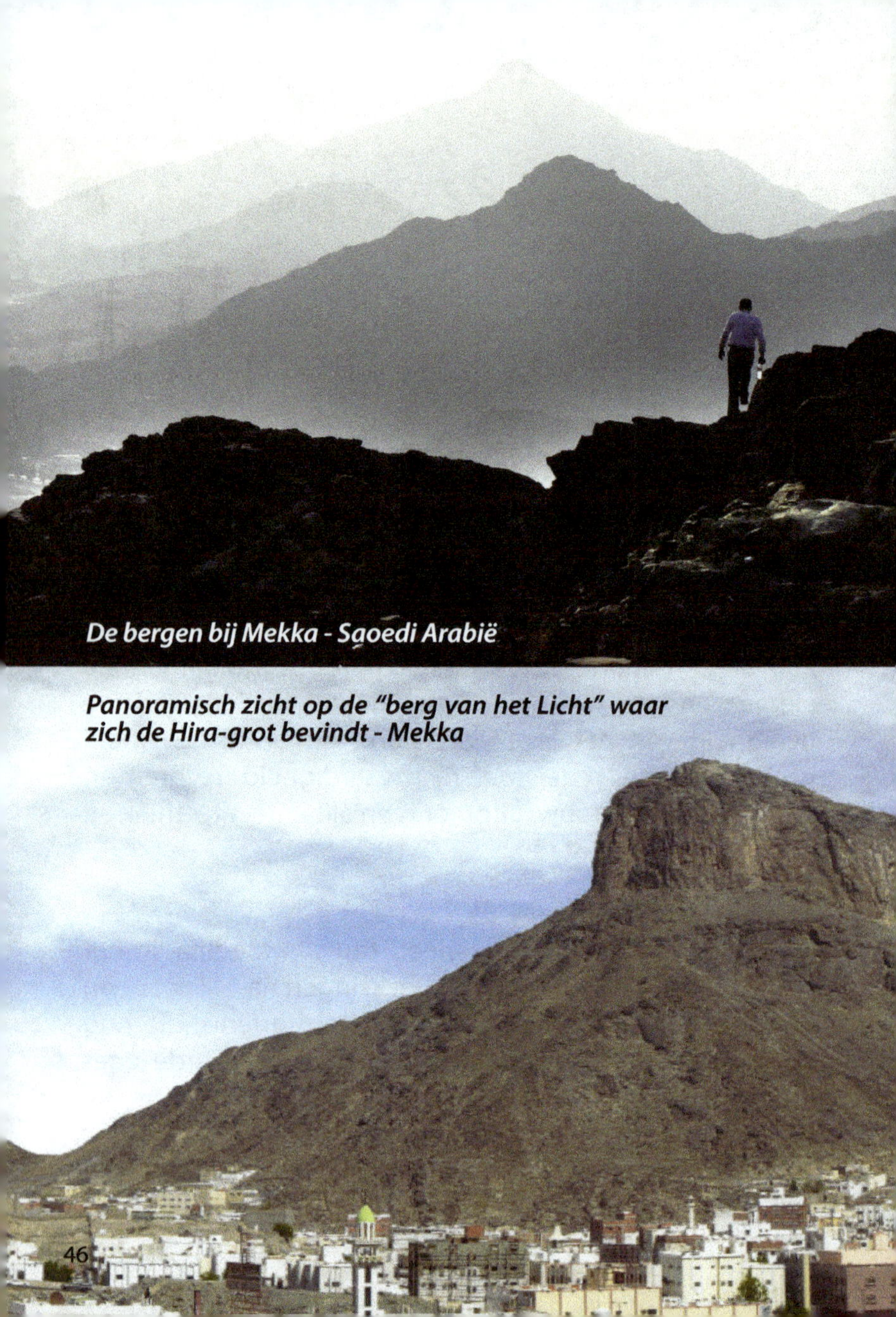

De bergen bij Mekka - Saoedi Arabië

Panoramisch zicht op de "berg van het Licht" waar zich de Hira-grot bevindt - Mekka

Luchtfoto van de Geweide Moskee, Makkah - Saoedi-Arabië

Zicht vanuit de lucht op Mekka (S.A.) waarin de Gewijde Moskee (Al-Masjid Al-Haram) te zien is. Hoffelijkheid van Susan Iskandar

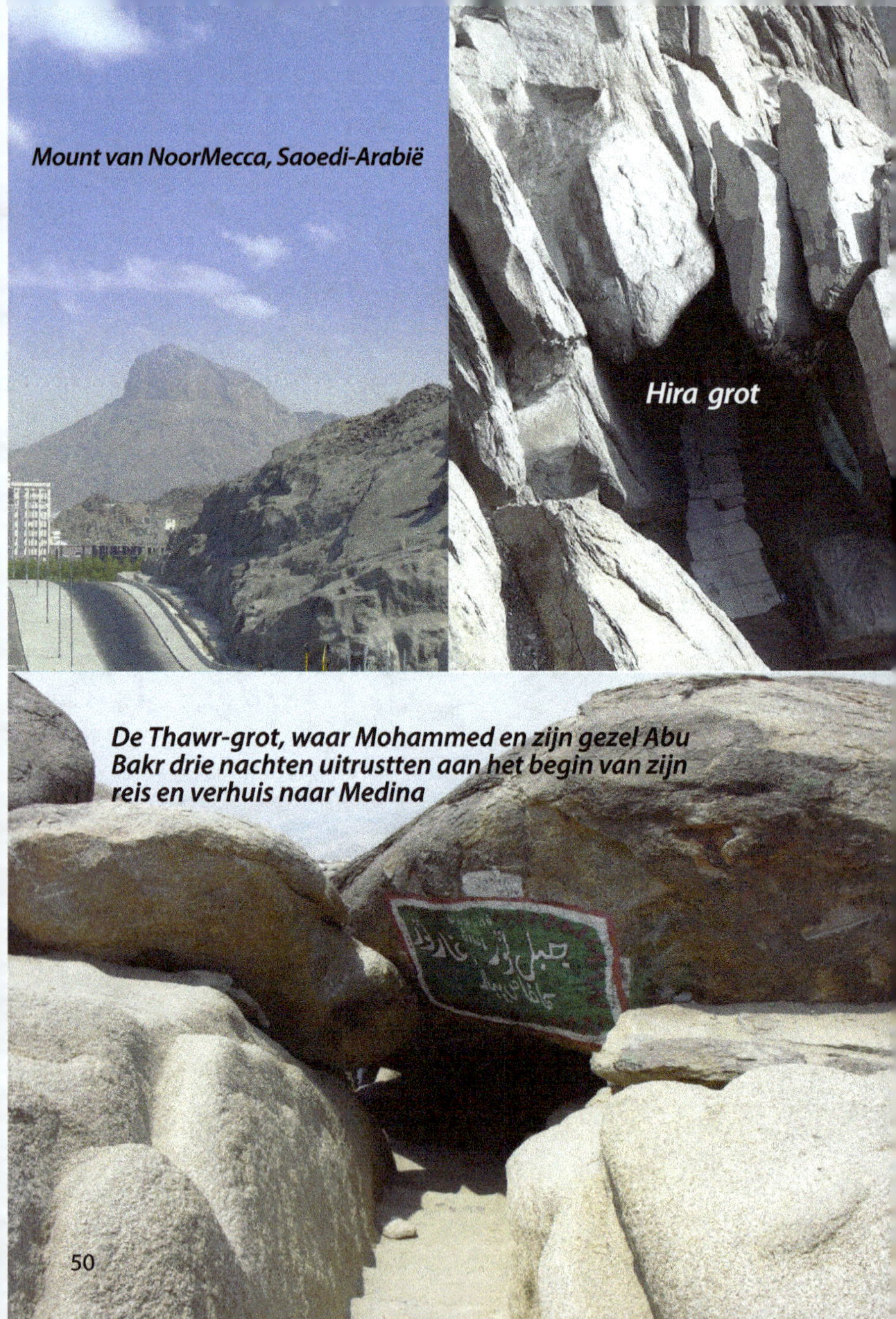

Mount van NoorMecca, Saoedi-Arabië

Hira grot

De Thawr-grot, waar Mohammed en zijn gezel Abu Bakr drie nachten uitrustten aan het begin van zijn reis en verhuis naar Medina

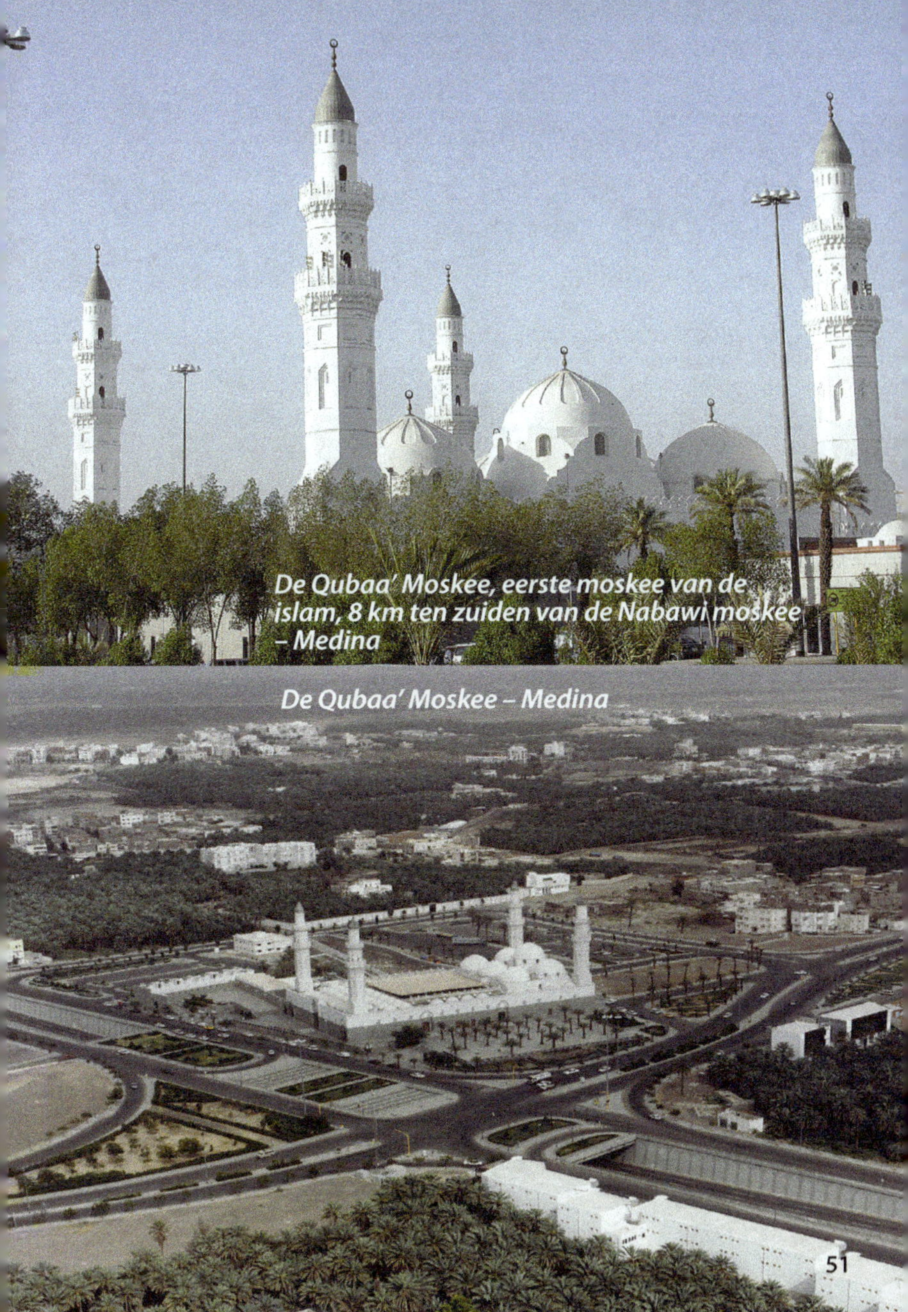

De Qubaa' Moskee, eerste moskee van de islam, 8 km ten zuiden van de Nabawi moskee – Medina

De Qubaa' Moskee – Medina

Zicht op Badr vanuit de lucht

De plaats waar het Quraish-leger bivakkeerde

Locatie van de slag van Badr, waar Mohammed en zijn gezellen bivakkeerden.

Locatie van de slag van Badr

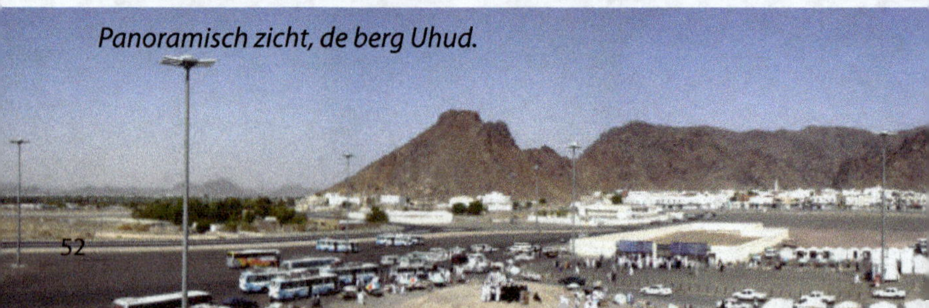
Panoramisch zicht, de berg Uhud.

Site van de Slag van Badr, Op de foto de heuvel van de boogschutters en de Begraafplaats der Martelaren. Meer dan 70 van de gezellen van Mohammed en zijn geliefde oom Hamza werden hier begraven.

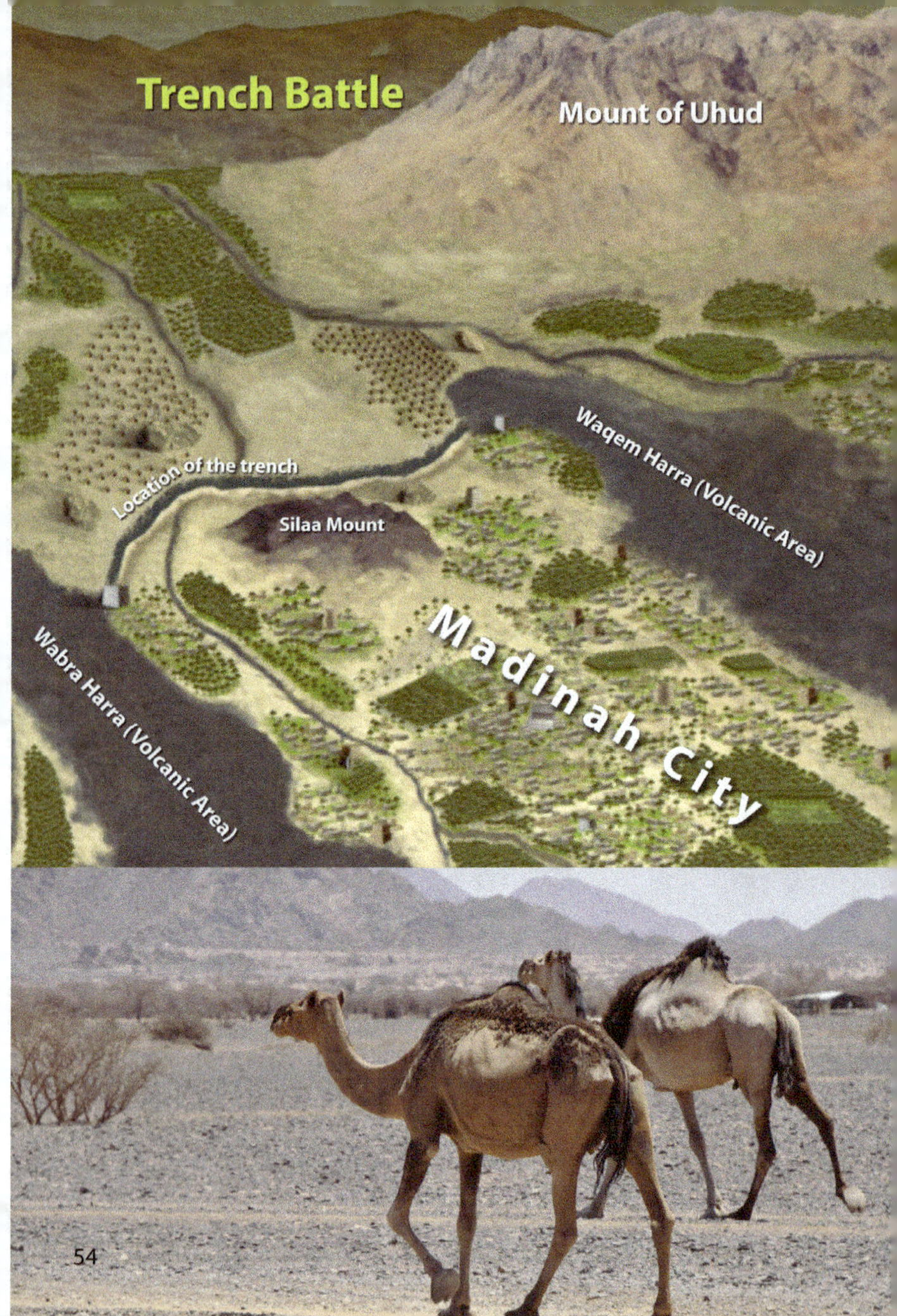
Trench Battle
Mount of Uhud
Waqem Harra (Volcanic Area)
Location of the trench
Silaa Mount
Madinah City
Wabra Harra (Volcanic Area)

Een denkbeeldig zicht op de stad Medina, met de moskee van Mohammed , omringd door huizen en palmbomen (dank aan Centrum voor Onderzoek en Studie van Medina, Sa. Ar.)

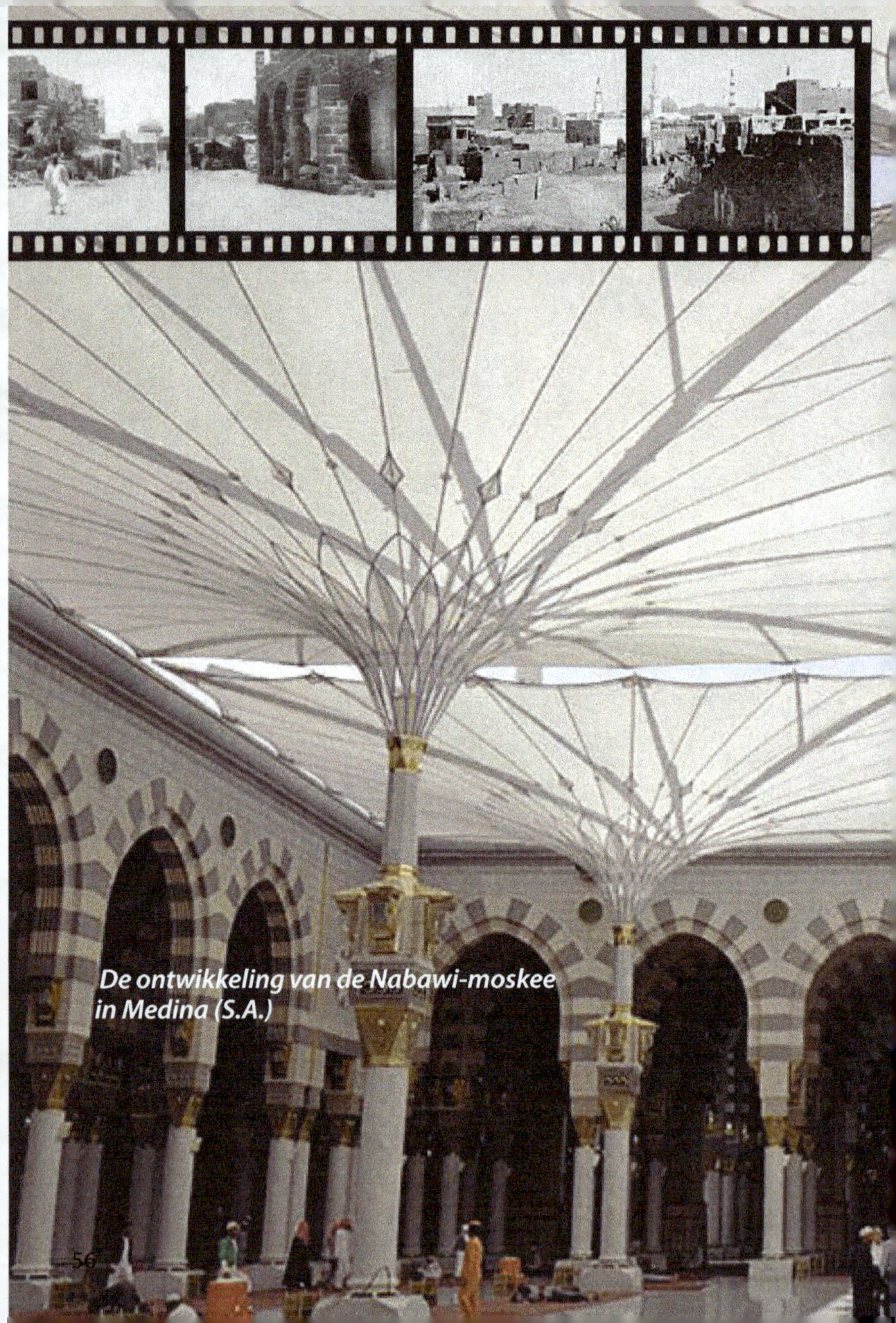

De ontwikkeling van de Nabawi-moskee in Medina (S.A.)

Van alle gekende profeten van God is Mohammed waarschijnlijk de enige van wiens graf de precieze ligging vastgesteld is en zijn volgelingen zijn zeker van de juiste plaats ervan.

Mohammed werd begraven in zijn huis dat aan de Nabawi-moskee in Medina werd bijgebouwd.

Deze foto toont de zijkant van de moskee waar men kan binnengaan om het graf van de Profeet te zien, en zijn huis (nu ingesloten).

Langs de tombe van de Profeet lopen

⊠ Graf van de profeet Mohammed in de Nabawi-moskee. Daarnaast bevinden zich de tombes van de 2 eerste kaliefs van de islamitische staat, Abu Bakir Al Siddiq en Omar Bin Al-Khattab (2° kalief).

"Al-Masjid Al-Nabawi Al-Sharif" (Nabawi-moskee)
foto van Noushad Ali

VOETNOTEN

1 Volgens sommige vertellingen en berekeningen werd Mohammed in het jaar 571 geboren.

2 Sommige vertellingen verklaren dat het huwelijk van Mohammed en Khadija 24 jaar en verscheidene maanden duurde.

3 Er is één en slechts één Koran die aan de Mohammed werd geopenbaard in origineel Oud-Arabisch. Er zijn daarentegen veel vertalingen van de Koranverzen in talen als het Engels, Frans, Chinees,... De aangehaalde verzen in deze zakgids worden in eenvoudig Engels weergegeven, gebaseerd op de Engelse vertaling (zoals elders vermeld).

4 Mohammed werd in Tai'f aangevallen en daar het slechtst behandeld. Hij was zwaar teleurgesteld toen hij Tai'f verliet. Volgens sommige verhalen riep hij God aan in een wonderbaarlijke smeekbede (zie volgende bladzijde);

5 Aqaba of Al-Bay'aa-moskee "van de Eed" : gevestigd door de Abbassidische kalief Abu Jaafar Al Manssour op de zelfde plaats waarvan men gelooft dat de eerste moslims daar een eed van trouw zwoeren aan de Profeet, toen zij de islam aannamen.

6 Een kleine moslimgemeenschap bleef achter in Mekka, en kon niet naar Yathrib (Medina) verhuizen.

7 De islamitische kalender start met de datum waarop Mohammed van Mekka naar Medina verhuisde (ca. 13 september 622). De vreedzame verovering van Mekka vond plaats op ca. 8 januari 630.

Mohammeds smeekbede aan God

O mijn God, aan U breng ik mijn zwakheid, Mijn hulpeloosheid en vernedering.

Genadigste der genadigen, Gij steunt hen die men zwak acht En Gij zijt mijn steun.

Op wie (behalve Gij) kan ik vertrouwen?

Op iemand die mij van ver met ongenoegen bekijkt of op een tegenstander aan wie ik mijzelf heb overgeleverd.

Zo lang Gij niet misnoegd zijt over mij, kan ik geen reden tot droefheid hebben.

Ik zoek toevlucht tot Uw licht dat het duister opheldert en waarin zowel deze wereld als de volgende goed gemaakt worden.

Het welzijn dat Gij mij schenkt is té groots voor U om mij nog te bedekken met Uw boosheid of ontevredenheid.

Ik zal mij tot U blijven wenden, totdat ik Uw gunst verworven heb.

Hoofdstuk

4

De Profetie

Arabische kalligrafie geproduceerd door de Japanse Kalligraaf Nobuko Sagawa.

"En Wij hebben u niet gezonden, maar voor alle mensen als drager van blijde tijdingen en als een waarschuwer. "

De Koran, 34:28

Mount van NoorMecca, Saoedi-Arabië

Mohammed en Zijn Profetie

Mohammed wist niet dat hij een profeet zou zijn: Hij leidde een moreel hoogstaand en alledaags leven. Hij stond bekend voor zijn trouw, integriteit en betrouwbaarheid. Hij aanbad geen afgoden op een moment dat afgoderij de norm was in een polytheïstische samenleving.

Hij bleef geloven dat het hele universum wel moest geschapen en beheerst zijn door één God. Hij placht God te aanbidden door zich in een grot terug te trekken (634 m boven de zeespiegel) in een berg op 4 kilometer ten oosten van Mekka (Makkah).

Deze grot staat bekend als de Hira-grot op de Noor-berg (i.e. "berg van het Licht"), zo genoemd omdat God zich aan hem openbaarde toen Mohammed Hem aanbad in deze grot.

Hira grot

LEES !

Geen illusie of droom: Voor het eerst in zijn leven leerde Mohammed een wezen zonder gelijke kennen, een wezen dat uit de hemel neerdaalde en hem benaderde. Dat was de aartsengel Gabriël die Mohammed vroeg om te "lezen". Mohammed was bevreesd

Aangezien Mohammed ongeletterd was, kón hij niet lezen of wist hij niet wàt te lezen. De aartsengel Gabriël herhaalde telkens het woord "lees", en toen reciteerde hij het volgende vers van God :

> *"Lees, in de Naam van uw Heer de schepper. Hij schiep de mens uit een klontertje (zoals dat aan de wand van de baarmoeder hangt)... Lees ! en uw Heer is de Allervrijgevigste...die de mens met de pen heeft onderwezen... Hij leerde de mens wat deze niet kende!"*
>
> De Koran, 96:1-5

Na deze korte ontmoeting verdween de aartsengel Gabriël.

De verschrikte Mohammed rent weg: Mohammed was ontzettend beangstigd. Hij liep terug naar huis. Hij beefde. Hij vertelde zijn vrouw wat er gebeurd was, en vroeg haar hem te verbergen. Khadija probeerde hem tot zichzelf te laten komen, en herinnerde hem eraan dat hij in God geloofde, en zich had teruggetrokken om Hem te aanbidden. Zij zei hem dat God hem niet in de steek zou laten of demonen zou toestaan om hem aan te raken, aangezien hij zich goed verstond met zijn verwanten, de armen hielp en liefdadig was.

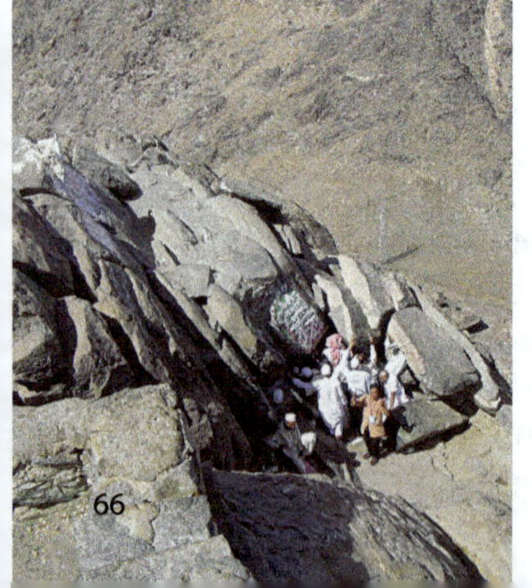

Goddelijke openbaring of duivels gefluister?

Mohammed was bang dat het kwade hem bezeten had. Hij ging samen met zijn vrouw Khadija om het hele verhaal te vertellen aan Waraqa Bin Nawfal (een verwant van Khadija), een devoot christen en geleerd in de Bijbel. Waraqa voorzag dat Mohammed een profeet zou zijn. Hij verzekerde Mohammed dat wat hij had ervaren, een goddelijke openbaring was, gelijk aan deze die de profeet Mozes der joden had ontvangen. Hij zei hem daarenboven dat hij (Mohammed) weerstand zou ondervinden van vele mensen, en zelfs door zijn eigen stam zou bevochten worden.

Gij zijt de Boodschapper van God: Mohammed had enkele dagen nodig om weer rustig te worden en keerde niet naar de berg terug. Verscheidene dagen later keerde de aartsengel Gabriël terug, en zei hem dat hij een boodschapper voor God, Heer van alle wezens, zou worden. Hij reciteerde het volgende: vers van Allah (verheven zij Hij):

> *"O gij die uzelf bedekt (in uw kleren en uw gezochte eenzaamheid); sta op en waarschuw, verheerlijk uw Heer ; zuiver uw kleding; hou u ver van slechte daden; doe niet wel om meer te krijgen ; en wees geduldig omwille van uw God"*
>
> De Koran, 74:1-7

Gabriël bleef Mohammed opzoeken gedurende een periode van 23 jaar, waarin de Heilige Koran (het Woord van God) aan Mohammed door Gabriël werd geopenbaard, om aan de mensheid door te geven.

Mohammed brengt de Geboden van God over aan zijn volk: Mohammed handelde naar de openbaring die hij ontving in het jaar 610. Hij verzocht zijn volk en heel Arabië om in één God te geloven, en Zijn Geboden te gehoorzamen, zoals deze werden uitgezet voor het welzijn van de hele mensheid.

Geloof & wet

Wat omvat deze "Boodschap"? de Boodschap van de islam is gesteund op "Aqidah", d.w.z. "belijdenis" (als een verklaring van vertrouwen en geloof in Eén God, schepper van alle wezens) en "Shariah", d.w.z. "goddelijke wet"; het systeem en de verordeningen die de alledaagse menselijke handelingen, daden en gebruiken beheersen.

Shariah is in drie grote delen opgesplitst : (1) Eredienst : religieuze gewoonten en daden zoals het dagelijks gebed, vasten, smeekbeden, het geven van Zakat (aalmoes), enzovoort ; (2) Dagelijkse omgang (islamitisch burgerlijk recht), zoals rechtswetten, mensenrechten, handel enzovoort (3) Ethiek : goed gedrag, omgangsvormen en waarden als eerlijkheid, oprechtheid, trouw, liefde, samenwerking enzovoort .

(Nota bene : Na de goddelijke openbaring legde Mohammed zich toe op het onderwijzen van het monotheïsme (Aqidah) gedurende dertien jaar. Na de verhuis naar Medina kwam de nadruk op verklaring en toepassing van de Shariah).

TIEN GEBODEN VAN GOD

"Zeg (O Mohammed) : Kom, ik zal weergeven dat wat God u gebiedt :

(1) Verbindt u niet aan wie gelijk wil zijn aan God;
(2) En wees goed voor uw ouders;
(3) En dood uw kinderen niet onder het voorwendsel van armoede : Wij zullen in uw en hun noden voorzien;
(4) En benader of zoek geen beschamende handelingen, openlijk noch heimelijk (zoals overspel en zondige handelingen)
(5) En dood geen enkele ziel, door God geheiligd, tenzij door middel van recht en wet. Dit is wat Hij u opdraagt, aldus moge gij wijsheid verwerven;
(6) En raak niet aan de welstand of het bezit van wezen, behalve om deze te vergroten, tot de dag dat hij of zij de volwassenheid bereikt;
(7) Geef volledige rechtvaardigheid aan maat en gewicht (bij kopen en verkopen, bij geldelijke en niet-geldelijke transacties),
(8) Wij zullen niemand zwaarder belasten dan hij of zij kan dragen;
(9) En wanneer gij spreekt (of getuigenis geeft), spreek recht, zelfs wanneer het een naaste verwant betreft;
(10) En vervul het Verbond van God. Dit is wat hij u opdraagt u te herinneren. "

De Koran, 6:151-152

Een praktische inleiding tot het onderricht van Mohammed in Abessinië : Ja'far bin Abi-Talib was een van de tachtig moslims die bescherming zochten in het land Abessinië (huidig Ethiopië in Afrika). Ja'far zei tegen de Abessijnse koning (ten behoeve van de moslims die daar een toevlucht zochten):

"O koning, eens waren wij een volk dat leefde in onwetendheid (gebrek aan kennis en bewustzijn), afgodsbeelden aanbad, kadavers at, afschuwelijke daden beging, onze familie en verwanten verwaarloosde, onze naastenmensen slecht behandelde en toestond dat de sterken onder ons de zwakken verdrukten. Zo leefden wij tot God ons een boodschapper vanuit ons eigen midden zond, een man wiens afstamming, eerlijkheid, integriteit en kuisheid ons welbekend waren.

Hij riep ons op om alleen God te aanbidden en de stenen en afgodsbeelden weg te nemen, die wij hadden vereerd zoals onze voorvaderen hadden gedaan. Hij onderrichtte ons waarheidsgetrouw te zijn in wat we zeggen, ons aan onze beloften te houden en onze verplichtingen aan onze bloedverwanten te respecteren, en hij verbood ons schanddaden te begaan.

Aldus vertrouwden en geloofden wij hem, en wij volgden de boodschap die hij van God had gekregen. Ons volk verstootte ons echter, martelde ons en deed al het mogelijke om ons van ons geloof af te krijgen. Toen zij niet ophielden ons te verdrukken, kwamen wij naar uw land, en kozen u boven alle anderen om bescherming en een onpartijdige behandeling te vinden."

Een christelijke vorst erkent de godsdienst van Mohammed: Na Ja'fars redevoering vroeg de Abessijnse koning (die een gelovig en godvrezend man was) hem om enkel stukken voor te dragen uit het "Boek" dat aan Mohammed was geopenbaard. Ja'far droeg een stuk voor uit het hoofdstuk "Maria", tot de koning weende en zijn baard nat was van tranen.

Negash, Moskee Tigray, Ethiopië

De koning zei toen:

> "De boodschap die Mohammed heeft gebracht, en degene die door Jezus werd komen beide uit eenzelfde bron."

De boodschap van de Islam

De Islam in simpele worden:

"Islam" betekent onderwerping en overgave aan één God. Het is een religie van het monotheïsme, waar de aanhanger van de Islam gelooft dat God één is en onvergelijkbaar. Hij heeft geen partners of zonen. Hij verwekt niet, noch werd Hij verwekt (noch baart noch werd geboren). Hij schiep het hele universum en alle wezens. Niemand deelt met Hem Zijn Goddelijkheid en niemand heeft het recht om aanbeden te worden behalve Hij.

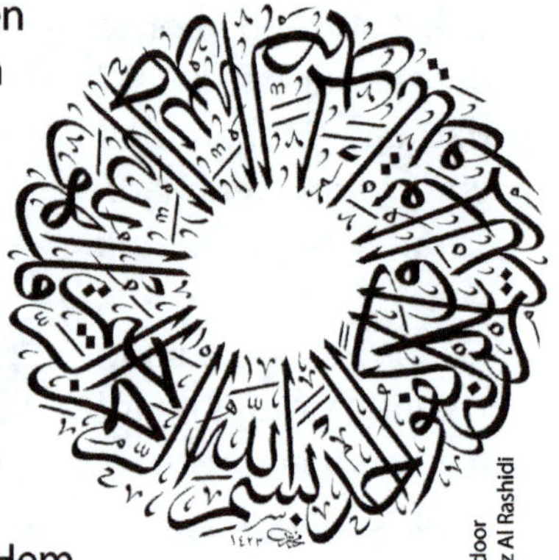

Gemaakt door Abdul Aziz Al Rashidi

Wat is de naam van God?: Zijn persoonlijke naam is Allah. Het wordt uitgesproken als Allah met een lange klinker "a". God heeft vele attributen en adjectieven. In de islam zijn er negenennegentig erkende 'schone namen' en attributen voor Allah. Bijvoorbeeld God is "de meest Barmhartige" en "Alwetende". Niemand kan meer genadig zijn dan Hem en niemand kan meer kennis hebben dan Hem.

Nederlands	Arabisch	Hebreeuws	Aramees
God	Elah	Eloha	Elaha

Hij is Allah, naast Wie er geen God is, de Kenner van het onzienlijke en het zienlijke, Hij is de Barmhartige, de Genadevolle.

Hij is Allah, naast Wie er geen God is, de Koning, de Heilige, de Brenger van Vrede, de Schenker van Veiligheid, de Beschermer, de Machtige, de Krachtige, Bezitter van Grootheid. Verheven is Allah boven hetgeen zij met Hem vereenzelvigen.

Hij is Allah, de Schepper, de Maker, de Vormer. Hij heeft de schoonste namen. Alles wat in de hemelen en op aarde is verheerlijkt Hem en Hij is de Almachtige, de Alwijze.

De koran, 59: 22-24

Mohammad en Islam: Toen een man Mohammed vroeg om de Islam in eenvoudige woorden uit te leggen zodat hij niet telkens elders uitleg nodig heeft, zei Mohammed kort en bondig:

"Zeg, ik geloof in Allah. En wees standvastig daarin."

Deze verklaring geeft aan dat het implementeren van het geloof gelijk is aan een evenwichtige manier van leven.

Islam en vrede: Taalkundig gezien komt het woord "Islam" in het Arabisch van de wortel woord "salama", wat vrij zijn van het kwaad betekent en is gerelateerd aan het woord "Salaam" wat vrede betekent.

Profeet Mohammed definiëerde een moslim als 'degene van wie andere mensen veilig zijn tegen het kwade die uit zijn tong en handen komen", dwz mensen moeten geen kwaad ontvangen van zijn daden en woorden.

In de islam is "De Vrede" één van de prachtige namen en attributen van God (Allah). Degene die zich onderwerpt aan Allah moet innerlijke vrede vinden in hem / haarzelf en moet in vrede zijn met de omgeving en de mensen.

Het is interessant om te weten dat in een islamitische samenleving mensen elkaar begroeten met het woord "Assalamo alaykom" wat betekent "vrede zij met u" in plaats van de woorden "Hey" of "Hallo". De volledige versie van deze verklaring is "vrede zij met u en Allah's genade en zegeningen".

Moslims of mohammedanen? In tegenstelling tot de aanhangers van andere godsdiensten, worden de volgelingen van Mohammed niet Mohammedanen genoemd. Een aanhanger van de islam of degene die het omarmt als een geloof en een manier van leven is een "moslim", dwz degene die in één God gelooft en Hem aanroept.

Zuilen van de islam, het beoefenen van het islamitische geloof

De islamitische godsdienst is gebaseerd op vijf pijlers die een moslim moet uitvoeren:

1	**Shahadah**	Uiten (het mondeling uitspreken) van de geloofsbelijdenis van de Islam.
2	**Salat**	Het uitvoeren van dagelijkse voorgeschreven gebeden.
3	**Siyam**	Vasten de maand van de Ramadan.
4	**Zakat**	Betalen aalmoezen als liefdadigheid één keer per jaar.
5	**Hajj**	Pelgrimstocht naar de heilige moskee (het huis van God) in Mekka één keer in het leven voor degenen die de fysieke en financiële draagkracht hebben.

1. Uitspreken van de geloofsbelijdenis van de Islam, Shahada

Te erkennen dat er één God is, Die de univere en alle wezens. Zijn naam is Allah.

Een persoon wordt een moslim wanneer hij of zijgelooft in hart en zegt dat de verklaring van de Shahada "er is geen god maar Allah en Mohammed ﷺ is de Boodschapper van Allah". In het Arabisch wordt gespeld Ash'hado een la Ilaha illa Allah, WaAsh'hado anna mohammedaan rasoolo'Allah.

Erkennen Mohammed ﷺ als een Profeet en een boodschapper van God vereist de erkenning van alle profeten enboodschappers van God voor hem gezonden.

Dit is een getuigenis in Arabische kalligrafie die werd ontworpen in een artistiekemanier. Het verklaart: Ik getuig dat er geen God is behalve Allah en MohammedZijn dienaar en Zijn boodschapper.

2. Voorgeschreven dagelijkse gebeden, Salat

IslamGeloof in de praktijk

Gebed (Salat) maakt de persoon om intiem te krijgendicht bij God. De essentie van aanbidding is het verheerlijken, verheffenen God te loven met het hart, de tong en het lichaam. Bidden in de islam vereist buigen en knielen voor God. Er zijn vijf dagelijkse voorgeschreven gebeden in de islam die worden uitgedeeld tijdens de hele dag.

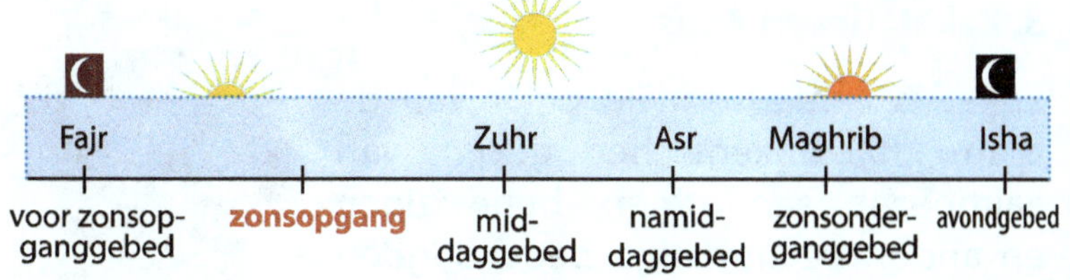

> *"En wanneer Mijn dienaren u over Mij, inderdaad ik ben in de buurt. Ik reageren op desmeekbeden van de smekeling wanneer hij / zij noemt me.Laat ze reageren op Mij en geloof hebben in Mij, zodat ze kunnen worden [terecht] geleid ".*
>
> De Koran, 2: 186

krachtige meditatie

In feite is het woord 'salat' betekent letterlijk 'hotverbinding '.Het is een praktische demonstratie van het geloof. Gebed tonen geleidelijk toenemende onderwerping aan Allah. Het vereist volledige concentratie en isolatie van wereldseaangelegenheden. Profeet Mohammed zei: "een persoon die zich het dichtst bij Allah tijdens uitputting."

Bidden vijf keer per dag lijkt misschien overdreven om een aantalmensen. In werkelijkheid is een soort meditatie die zonder nochtansnemen meer dan veertig minuten per dag. Net zoals we drie etenof vier keer per dag en we nooit klagen omdat wemoet fysieke voeding om te overleven, moeten we ookgeestelijk voedsel voor onze ziel. Salat op op afstand gelegen intervallengedurende de dag verschaft dergelijke geestelijke voeding.

3. Zakat, Geven Alms

2.5% van de netto jaarlijkse besparing

Zakat is een essentiële pijler van de islam. hijbetekent het geven van aalmoezen aan armen, behoeftigen en andere rechtmatige begunstigden zoals bepaalddoor de Koran.Het betalen van een goed doel eenmaal per jaar, 2.5% van overtollig persoonlijke rijkdom.

Zakat reinigt het hart van hebzucht en verwijdert haaten jaloezie uit de harten van de arme mensen. Het bevordert socialeintegratie samenwerking, mededogen en respect. hijverbetert het welzijn van de hele samenleving en bereiktsociale rechtvaardigheid.

4. Vasten in de maand Ramadan

Moslims moeten heel snelmaanmaand Ramadan (29 of 30 dagen),van zonsopgang tot zonsondergang. Gedurende de vasten tijd worden moslims moetenonthouden van eten, drinken en seksuele contact.

Vasten voor God is belangrijk te onthouden dat voedsel komt van Hem.

Wanneer u snel, honger voel je en je het lijden van arme mensen ervaren in verschillende delen van de wereld vooral in Afrika en plaatsen van de honger.

Rijke mensen hebben de neiging om een goed doel te geven wanneer zij vasten. Dit bouwt een relatie tussen de rijke en de arme mensen. Ook bouwt sociale harmonie in de samenleving.

Vasten stelt u in staat om je innerlijke verlangens te beheersen. Gedurende een maand persoonlijke controle en spirituele ontwikkeling leer je. Vasten heeft vele voordelen voor de gezondheid en artsen raden het sommige ziekten te genezen.

Maanmaand	
1	Al-Muharram
2	Safar
3	Rabi' Al-Awal
4	Rabi' Al-Akharah
5	Jumada Al-Oula
6	Jumada Al-Akharah
7	Rajab
8	Sha'ban
9	**Ramadan**
10	Shawwal
11	Zul Qui'da
12	**Zul Hijjah**

5. Hajj, Bedevaart naar Mekka

Hajj is de bedevaart naar Mekka tijdens de maanmaand van Zul Hijjah. Het is gedaan met de bedoeling om een bezoek aan de Heilige Moskee in Mekka en het uitvoeren van bepaalde religieuze riten binnen en buiten de moskee. Het is de vijfde zuil van de islam die ooit moet worden gedaan in een mensenleven. Hajj mag alleen worden gedaan door degenen die de leeftijd van de puberteit bereikt en hebben de financiële en fysieke vermogen om het uit te voeren.

Tijdens de bedevaart naar Mekka, mensen uit verschillende rassen en volkeren verzamelen op de spirituele epicentrum van de Islamitische wereld. Zij bevestigen hun gemeenschappelijke vaderlijke afkomst met Adam en hun geestelijke afkomst met Abraham.

Eén God... Eén Boodschap

De profeten en boodschappers in de heilige Qur'an:

De islam erkent alle profeten en boodschappers die vòòr Mohammed door God werden gezonden, tot leiding van de mensheid. God zond hen om de mensen te behoeden voor dwalingen, om hen de juiste waarden te leren en hen op te voeden omtrent het doel van het leven.

Zij bevestigden de boodschap van het "monotheïsme", dat het geloof is in het bestaan en de enigheid van God. Hij (Allah) schiep alle wezens, en schonk hen Zijn genade. Hij alleen heeft alle kenmerken van volmaaktheid, en deelt zijn Heerlijkheid en Goddelijkheid niet met enig ander schepsel. Mohammed sprak. In de Koran wordt Adam 25 keer vermeld, Noah 43 keer, Abraham 69 keer, Mozes 136 keer, David 16 keer, Jezus 25 keer en Mohammed 4 keer.

> Ik verhoud mij tot de profeten vòòr mij, als tot iemand die een huis heeft gebouwd, volledig en uitstekend, met slechts één ontbrekende steen. Wanneer men het huis ziet, bewondert men de schoonheid ervan, en zegt : "Hoe prachtig zal dit huis zijn wanneer de ontbrekende steen op zijn plaats wordt gezet !" Aldus ben ik deze steen, en ben ik de laatste der Profeten. ". (Verteld door Bukhari, 4.734, 4.735)

Voorwaar, Wij hebben boodschappers onder u uitgezonden, sommigen waarvan Wij u verteld hebben, anderen waarvan Wij u niet gesproken hebben ; en het was aan geen enkele boodschapper vergund enig teken (mirakel) te brengen, behalve met Gods goedkeuring.

De Koran, 40:78

Zegt : wij geloven in Allah en in dat wat geopenbaard werd aan ons en aan Abraham, Ismaël, Isaak, Jacob en de stammen, in wat Mozes en Jezus ontvingen, en in wat de Profeten van hun Heer ontvingen. Wij maken geen onderscheid tussen hen, en wij hebben ons aan Hem overgeleverd.

De Koran, 2:136

Tora, Evangelie en Koran zijn de openbaringen van God aan de mensheid: Mohammed ontving de Koran als een eeuwigdurend wonder dat de Woorden en Geboden van God aan de mensheid bevat en bewaart. De Koran spreekt voorgaande openbaringen niet tegen, maar toont en verbetert waar van de waarheid wordt afgeweken. In hoofdstuk 5, vers 44:

Wij openbaarden de Tora, waarin leiding en licht gevonden wordt, En wij brachten Jezus, zoon van Maria, er toe in hun voetsporen te treden, ter bevestiging van wat aan hem geopenbaard was, en we schonken hem het Evangelie, waarin leiding en licht gevonden wordt.

De Koran, 5:47

En aan u (Mohammed) hebben Wij het Boek (de Heilige Koran) met de waarheid geopenbaard, ter bevestiging van enige voorafgaande Schrift en als behoeder ervan.

De Koran, 5:48

Degenen onder de Profeten die door God begunstigd werden, de nakomelingen van Adam en degenen die Wij meebrachten in de ark van Noah, degenen uit het zaad van Abraham en Israël, en degenen die Wij leidden en uitkozen – toen de Openbaringen (van de Heer, de Weldadige) aan hen voorgedragen werden, vielen zij geknield neer, in verering en wenend.

De Koran, 19:58

Profeet	**Mohammed**	**Jezus**	**Mozes**	**Abraham**
Periode (ca.)	570-632	1- 33	1436-1316 vC	3900-2900 vC
Leeftijd (ca.)	63	33	120	meer dan 950 j.

Mohammed ﷺ en Abraham عليه السلام

Abraham wordt beschouwd als de vader der profeten in de joodse, christelijke en islamitische godsdiensten, omdat de meeste gekende profeten afstammelingen van hem waren. Moslims geloven dat de profeet Mohammed van hem afstamt door zijn Abrahams zoon Ismaël, die ook de vader van vele Arabische stammen was. Anderzijds stammen het volk van Israël en vele profeten, zoals Jacob, Jozef, Mozes, David en Salomon af van zijn tweede zoon, Isaak.

Abraham wijdde zijn leven aan en werkte hard aan het onderwijs in monotheïsme. De Heilige Koran vermeldt Abraham geregeld, en toont aan dat, nadat hij moeite deed naar waarheid te zoeken en de enigheid van God erkende ("de Enige Godheid"), Abraham daardoor in de praktijk zijn oprechtheid, eerlijkheid, dankbaarheid en gehoorzaamheid aan God bewees. Hij stelde een van de grootste en gedenkwaardigste voorbeelden in de geschiedenis van volledige overgave aan de Ene God, zelfs in de moeilijkste omstandigheden.

> *"En wie is een betere gelovige dan hij die zich aan Allah onderwerpt, het goede doet en de godsdienst van Abraham de Oprechte volgt ? Allah nam Abraham [daarom] als vriend."* De Koran 4:125

Eén God

Hij was een waarheidsgetrouw man die getuigde van een voorbeeldige gehoorzaamheid aan God, en om die reden, aldus de Heilige Koran, koos God Abraham als vriend en als een van de besten in de Wereld, en als een der rechtvaardigen in het Hiernamaals (hoofdstuk 4, vers 125 en hoofdstuk 2, vers 130). De Heer bracht Abraham tot de ware godsdienst en maakte van hem een "imam" ,d.w.z. "leider" van mensen (hoofdstuk 2, vers 124) en beschreef hem als een "volk" (hoofdstuk 16, vers 120)

Abraham wordt door de moslims geëerd als de man die hen de benaming "moslim" gaf (d.w.z. zij die geloven in Eén God en zich aan Hem onderwerpen – hoofdstuk 22, vers 78)

> *"Abraham was jood noch christen ; hij was een "Musliman Hanifan", een rechtschapen man die zichzelf had overgegeven en oprecht overgeleverd aan Allah (God), en hij behoorde niet tot de afgodendienaars"*
>
> De Koran, 3:67

voetnoot : De oorspronkelijke vorm van de naam "Abraham" was 'Abram' of 'Avram', en wordt in het Arabisch als "Ibrahim" geschreven en uitgesproken . De rooms-katholieke kerk noemt Abraham "onze vader in het geloof". De oosters-orthodoxe kerk gedenkt hem als "de rechtvaardige voorvader Abraham".

Men gelooft dat de eerste plaats waar één God werd aanbeden door Adam werd gevestigd toen hij op de aarde kwam. De moslims geloven dat God aan Abraham en zijn zoon de stichting en bouw opdroeg van het huis dat "Kaaba" (een vierkant gebouw) wordt genoemd, en dat te zuiveren voor wie bidt tot, mediteert en zich neerwerpt voor God. Deze plaats in Mekka waar Abraham (in gebed) stond, werd door God tot een pleisterplaats voor de mensheid, een heiligdom en een plaats van aanbidding gemaakt. (hoofdstuk 2, vers 125).

Abraham en Ishmael's smeekbede

> *"Onze Heer ! Maak ons [Abraham en Ismaël] onderdanig aan U, en uit onze lendenen een volk dat onderdanig is aan U, en toon ons de juiste manier van aanbidding, en wees ons vergevingsgezind. Gij zijt de Vergevingsgezindste, de Genadigste"*
>
> De Koran, 2:128

De gewijde moskee (Al Masjid Al-Haram) in Makkah – Saoedi Arabië. Dit is de heiligste Islamitische moskee (en van de wereld). Het zwarte gebouw in het midden is de Kaaba. Moslims geloven dat Allah de profeet Ibrahim opdracht heeft gegeven om de Ka'bah te bouwen om Allah te aanbidden. (de Ene God.) Wanneer Moslims bidden, richten zij zich wereldwijd richting de Ka'bah.

Profeet Mohammed gaf aan dat het bidden in de Heilige Moskee (Gods huis van aanbidding) een hoge beloning kent . Een gebed in de heilige Moskee is gelijk aan 100.000 gebeden.

Hajj

Elk jaar volbrengen meer dan drie miljoen moslims de “Hajj” (bedevaart) naar de Moskee van het Heiligdom in Mekka (S.A.). De bedevaart is de vijfde zuil van de islam, die men eens in zijn / haar leven moet hebben volbracht – tenminste, wie daartoe de middelen en de gezondheid bezit.

Mohammed toonde de mensen hoe de Hajj moest worden volbracht, hetgeen vooral “abrahamische” rituelen omvat. Hij wandelde rondom de Kaaba, het vierkante gebouw dat door Abraham als het Huis van God werd ingesteld. De ommegang wordt zeven maal herhaald in tegenwijzerzin, als een daad van onderwerping aan God, hetgeen harmonieert met de beweging der planeten, en zelfs van de elektronen.

Toen bad hij achter de plaats waar Abraham dat deed, en viel neer voor God. Tegenwoordig wordt deze plaats "Maqam Ibrahim" genoemd, een ingesloten ruimte die zijn voetstap op een stuk rots bevat.

Vervolgens wandelde Mohammed tussen de Safa- en Marwaheuvels, de zelfde plaats waar Hagar duizenden jaren geleden wandelde, op zoek naar water nadat haar echtgenoot Abraham haar daar achterliet met hun zoon Ismaël. Abraham vroeg haar daar te blijven, als een daad van gehoorzaamheid en onderwerping aan de wil van God, Die wou dat deze plek een heiligdom en een plaats voor eredienst werd.

De afstand tussen deze heuvels bedraagt ongeveer 395 meter. Deze Hajj-rite wordt "Sa'ee" genoemd, d.w.z. een kwieke wandeling tussen Safa en Marwa, bestaande uit zeven ronden (een totale afstand van 2,76 kilometer),

te beginnen vanaf Safa en eindigend bij Marwa.
"Sa'ee" lijkt op de alledaagse beweging, activiteit, handelingen, reizen, moeite en daden die iemand stelt tijdens zijn of haar leven. Deze handelingen en daden moeten een nuttig en waardevol doel dienen.

Naast het volbrengen van andere Hajj-rituelen ging Mohammed eveneens naar een plek die tegenwoordig bekend staat als "Jamarat", in de stad Mina (op 8 kilometer ten oosten van Mekka). Daar gooide hij stenen naar gelijkenis van Abraham, toen deze de Satan stenigde, die – in de gedaante van een oude man – hem ervan probeerde te weerhouden zijn zoon aan God ten offer te brengen. Abraham stenigde hem verscheidene keren. Wanneer moslims het zelfde doen, dagen zij eigenlijk de Duivel uit én de eigen innerlijke slechte verlangens.

Aangezien God het leven van Abrahams zoon spaarde door een ram in zijn plaats te brengen, leerde Mohammed aan de moslims een offer aan God te brengen door een schaap of geit te slachten, als symbool van het offer van Abraham, en om het vlees ervan onder de armen te verdelen.

Mohammed leerde de moslims een smeekbede tot Abraham en diens gezin te wijden in elk gebed van het vijf-maal-daags-gebed. Het moet ook opgemerkt worden dat Mohammed een van zijn kinderen "Abraham"/"Ibrahim" noemde, die stierf in de kindertijd.

"Zeg (O Mohammed) : Wat mij betreft, mijn Heer heeft mij op het rechte pad geleid, in een goed geloof, de godsdienst van Abraham de Oprechte, en hij behoorde niet tot de afgodendienaren"

De Koran, 6:161

Men gelooft algemeen dat Abraham begraven werd in Hebron, Palestina. Joden, christenen en moslims beschouwen dit als een gewijde plaats. Het complexe gebouw bevat het gedenkteken voor Abraham, de "Al-Masjid Al-Ibrahimi" (Abrahams moskee). Niet-moslims noemen deze ook wel de "Tombe der Patriarchen."

Het gebouw is in de eerste plaats een grote moskee (rechthoekig van vorm), met twee vierkante minaretten. Het bevat eveneens vele kamers en een reeks ondergrondse holten.

De centrale kamer van het gebouw bevat de gedenktekens voor Abraham en Sara. De zuidelijke kamer ("Ohel Yitzak" in het Hebreeuws) bevat de gedenktekens voor Isaak en Rebecca.

De noordelijke kamer van het gebouw bevat de gedenktekens voor Jacob en Lea. Men gelooft algemeen dat de overblijfselen van Abraham, Isaak, Jacob, Sara, Rebecca en Lea weggesloten werden in de ondergrondse ruimtes van het gebouw.

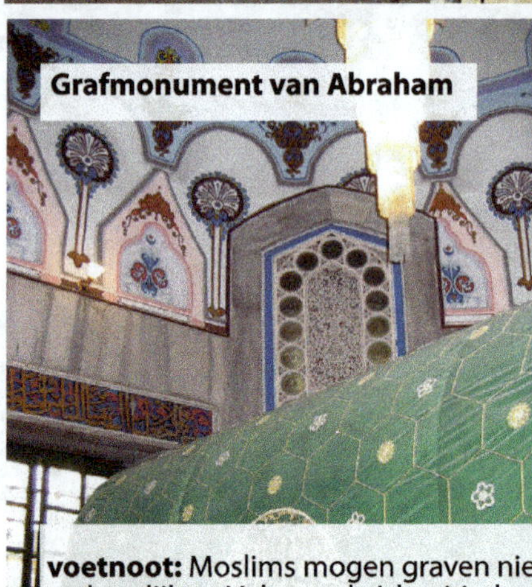

Grafmonument van Abraham

voetnoot: Moslims mogen graven niet verheerlijken. Volgens de Islamitische leer, mag de structuur van het graf niet boven het grond uitsteken.

De man die God sprak

Mohammed ﷺ en Mozes عليه السلام:

Mohammed prees de profeet Mozes zeer sterk, en gaf te verstaan dat hij Mozes op de Dag van Wederopstanding terzijde van Allahs Troon zou zien staan. (Sahih Al-Bukhari, 4/157, 3408. 4/159, 3414)

Bij een andere gelegenheid waarop Mohammed naar Medina kwam, en merkte dat de joden vastten op de dag "Ashura" (toen God de kinderen van Israël redde van de Egyptische farao), vroeg hij de moslims om op deze dag vrijwillig te vasten, als een uiting van dank aan God (de dag "Ashura" valt op de tiende van de eerste maanmaand).

Ongeveer één derde van de Heilige Koran vermeldt Mozes en de voorvallen en wedervaren die de kinderen van Israël meemaakten. Daarenboven vermeldt de Heilige Koran enkele van de profeten die naar de kinderen van Israël werden gezonden, zoals David en Salomon.

De Heilige Koran wijst er op dat God tot Mozes sprak, en beschrijft Mozes als een van de vijf boodschappers en profeten die een ernstige zending hadden ("Ulu Al Azm"), en God sloot met hen een plechtig verbond (hoofdstuk 33, vers 8). Deze vijf boodschappers zijn Noah, Abraham, Mozes, Jezus en Mohammed – vrede zij met hen allen.

Mozes stierf dicht bij de berg Nebo, die neerkijkt op de Dode Zee en het land Palestina. Op deze heuvel werd een gedenkteken gebouwd, dat een belangrijke toeristische trekpleister werd in Jordanië.

Moslims zien veel gelijkenissen tussen Mozes en Mohammed. Beiden waren profeten en boodschappers, die een Goddelijk Boek brachten dat de Wet van God bevatte. Beiden waren leiders van hun volk en leefden er in gedurende lange tijd. Beiden huwden en hadden kinderen.

Mohammad ﷺ en Jezus عليه السلام:

Volgens authentieke overleveringen zei Mohammed:

"Van alle mensen sta ik het dichtst bij de Zoon van Maria, en alle profeten zijn broeders uit de zelfde vader, en tussen hem [Jezus] en mij is er geen andere profeet geweest." (Bukhaari, 3285)

Jezus in de Qur'an

De Heilige Koran beschrijft Jezus als het Woord van God en zijn blijde boodschap die aan Maria werd overgebracht. Zijn naam is "Jezus de Messias, zoon van Maria"

God steunde hem met de Heilige Geest ("Rouh Al Qudus") en zond hem als boodschapper naar de kinderen van Israël, om hen naar de juiste weg te leiden, en om God, zijn Heer, te aanbidden als hùn Heer en Die van alle wezens. (hoofdstuk 2, vers 87 – hoofdstuk 3, verzen 45-49 - hoofdstuk 4, vers 171).

Nazareth is een historische plaats in Neder-Galilea, Palestina. In het Evangelie vermeld als de thuisplaats van Maria, wordt het nauw verbonden met de kindertijd van Jezus Christus. Volgens de rooms-katholieke traditie vond "Maria-Boodschap" plaats op de plek van de Kerk der Aankondiging in Nazareth

Daarnaast beschrijft de Heilige Koran Jezus als voorbeeldig (gedenkenswaardig en vooraanstaand) en deze wereld en de Volgende, en als een van de rechtvaardigen en hen die tot God gebracht worden.

De Heilige Koran wijst er op dat God aan Jezus de Schrift en wijsheid gaf, de Tora en het Evangelie. God steunde hem met mirakels zoals het genezen van blinden en melaatsen, en het tot leven wekken van de doden, door Zijn Wil en Goedkeuring (verheven zij Allah).

Foto's van Betlehem : de Kerk der geboorte is één van de oudste kerken in gebruik ter wereld. Vele christenen geloven dat zij de geboorteplaats van Jezus Christus markeert.

De moslims geloven dat Jezus zal terugkeren. Mohammed gaf te kennen dat de Dag der Wederopstanding niet zal plaats hebben voordat Jezus uit de hemel neerdaalt.

Hij zal terugkeren vòòr het einde van alle leven op aarde om Gods Wet te vestigen. Hij zal de valse Messias bevechten, het kwade doden en allen die in God geloven (Verheven zij Allah) verenigen. Hij zal een rechtvaardig heerser zijn en vrede aan de hele wereld brengen. Er wordt verwacht van de moslims dat zij Jezus mee zullen steunen wanneer hij terugkeert.

Foto's van Damascus : volgens sommige verhalen gaf Mohammed te verstaan dat Jezus aan de oostelijke zijde van Damascus zal nederdalen.

Het universele van de door Mohammed overgebrachte "Boodschap": Moslims geloven dat Mohammed de zelfde Boodschap ontving als degene die aan Abraham, Mozes, Jezus en andere profeten werd gegeven, maar zijn zending was universeel. Aan hem werd de opdracht toevertrouwd om het geloof der mensen te verbeteren, hen tot oprecht geloof terug te brengen en hen in goede daden te onderwijzen.

> *"En Wij hebben u slechts gezonden als een genade voor de werelden"* De Koran, 21:107

Brief van Mohammed aan de Romeinse keizer

Mohammed zond brieven naar de heersers en koningen van naburige landen en grootmachten zoals Perzië, Byzantium en Egypte, waarin hij hen opriep om de islam als de "Boodschap van God" te aanvaarden. Toen koning Heraclius van Byzantium Mohammeds brief ontving, nodigde hij Abu-Sufyan (een belangrijk leider en handelaar uit Mekka die daar toen toevallig zaken deed) om bij hem zijn opwachting te maken. Heraclius stelde Abu-Sufyan enige vragen, en vroeg hem oprecht te zijn.

Brief van de profeet Mohammed aan Heraclius (in het oorspronkelijke Arabische alfabet)

Heraclius : Uit welke klasse komt deze Mohammed?

Abu-Sufyan : Hij stamt uit een edele familie in Mekka.

Heraclius : Heeft hij ooit verraad gepleegd, een belofte verbroken of gelogen?

Abu-Sufyan : Nee.

Heraclius : En wat van zijn volgelingen; vermeerderen zij of verminderen zij ? En heeft een van zijn volgelingen ooit opgegeven omdat hij ontevreden was over Mohammed?

Abu-Sufyan : Al wie Mohammed geloofde, hield van hem, en er kwamen er steeds meer.

Heraclius : Wat leert Mohammed dan aan zijn volgelingen?

Abu-Sufyan : Het geloof in Eén God, en maatschappelijke rechtvaardigheid.

Heraclius dacht hier een tijd over na, en zei toen : "Als het waar is wat gij mij vertelt, dan kan Mohammed de erfgenaam van mijn rijk worden."

Keizer Heraclius regeerde over het Oost-Romeinse Rijk van 610 tot 640. In die periode leidde hij drie militaire campagnes, versloeg het Perzische Rijk en heroverde Syrië, Palestina en Egypte. In het jaar 636 bereikte de islam Palestina, Syrië en Egypte en het grootste deel van Noord-Afrika. In het jaar 642 bereikte de islam ook Perzië.

De islam, een universele godsdienst : Op dit moment is de islam, na het christendom, de tweede grootste godsdienst in de wereld. Een uitgebreid demografisch onderzoek in meer dan 200 landen merkt dat er tegenwoordig 1,57 miljard moslims van alle leeftijden zijn in de wereld, wat overeenkomt met 23 % van een (in 2009 bij benadering) bevolking van 6,8 miljard (Pew Forum over Godsdienst en Openbaar Leven, 2009).

Not all Muslims are Arabs: Niet alle moslims zijn Arabieren. De Arabische moslims maken minder dan één vierde uit van het totale aantal moslims in de wereld.

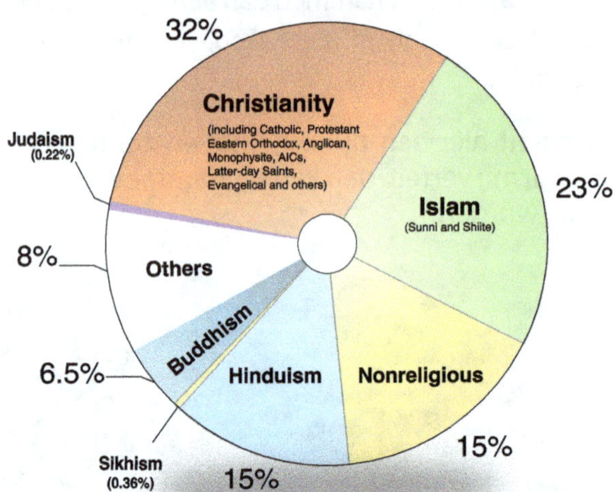

Er zijn ongeveer 2,1 miljard christenen in de wereld, zo'n 33 % van de wereldbevolking, en 1,1 miljard niet-gelovigen/ atheïsten (16 % van de wereldbevolking). Het jodendom heeft 0,22 % van de wereldbevolking (ongeveer 14 miljoen mensen).

VOETNOTEN

1 Uittreksel uit het verhaal van Maria, de Koran, hoofdstuk 19 ("Maria"), verzen 16-23:

> *En vermeld Maria in het Boek. Toen zij zich van haar volk terugtrok in een oostelijk gelegen plaats, en zich aan hun blikken onttrok, zonden Wij Onze Geest tot haar, en hij verscheen aan haar in de gestalte van een volmaakte man. Zij zei : "ik neem mijn toevlucht tot de Barmhartige tegen u, laat mij met rust, indien gij godvrezend zijt." Hij antwoordde : "Ik ben slechts een boodschapper van uw Heer opdat ik u een reine zoon moge schenken." Zij zei : "Hoe kan ik een zoon ontvangen terwijl geen man mij heeft aangeraakt en ik evenmin onkuisheid heb bedreven ?" Hij zei : "Het moet zijn zoals uw Heer zegt, het ligt eenvoudig voor Mij, zodat Wij hem tot een teken voor de mensen maken, een genade van Onze kant : het is een besliste zaak." En zij ontving hem en trok zich met hem terug in een ver afgelegen oord. En de weeën van de bevalling dreven haar naar de voet van een palmboom. Zij zei : "Ik was liever gestorven en in de vergetelheid geraakt, vooraleer dit moest gebeuren."*

Volgens het verhaal, zoals vermeld in de Heilige Koran, bracht Maria haar zoon naar haar eigen volk, die haar beschuldigden, maar de pasgeboren Jezus sprak op mirakuleuze wijze, en zei (hoofdstuk 19, "Maria", verzen 30-35):

> *Hij zei : "Ik ben een dienaar van Allah. Hij heeft mij het Boek gegeven, en mij tot een profeet gemaakt. Hij heeft mij gezegend, waar ik mij ook moge bevinden, en Hij heeft mij het gebed en het geven van aalmoezen opgelegd, zolang ik leef, en dat ik gehoorzaam zou zijn aan mijn moeder. Hij heeft mij noch een onderdrukker, noch een slecht mens gemaakt. Vrede was met mij op de dag van mijn geboorte, en zal met mij zijn op de dag van mijn dood, evenals op de dag dat ik tot leven zal worden opgewekt." Aldus was Jezus, de zoon van Maria. Dit is het Woord waaraan zij twijfelen. Het past Allah niet Zich een zoon te verwekken, Verheven zij Hij. Wanneer Hij tot iets beslist, zegt Hij slechts "Wees", en het wordt...*

Hoofdstuk

5

Normen en Waarden

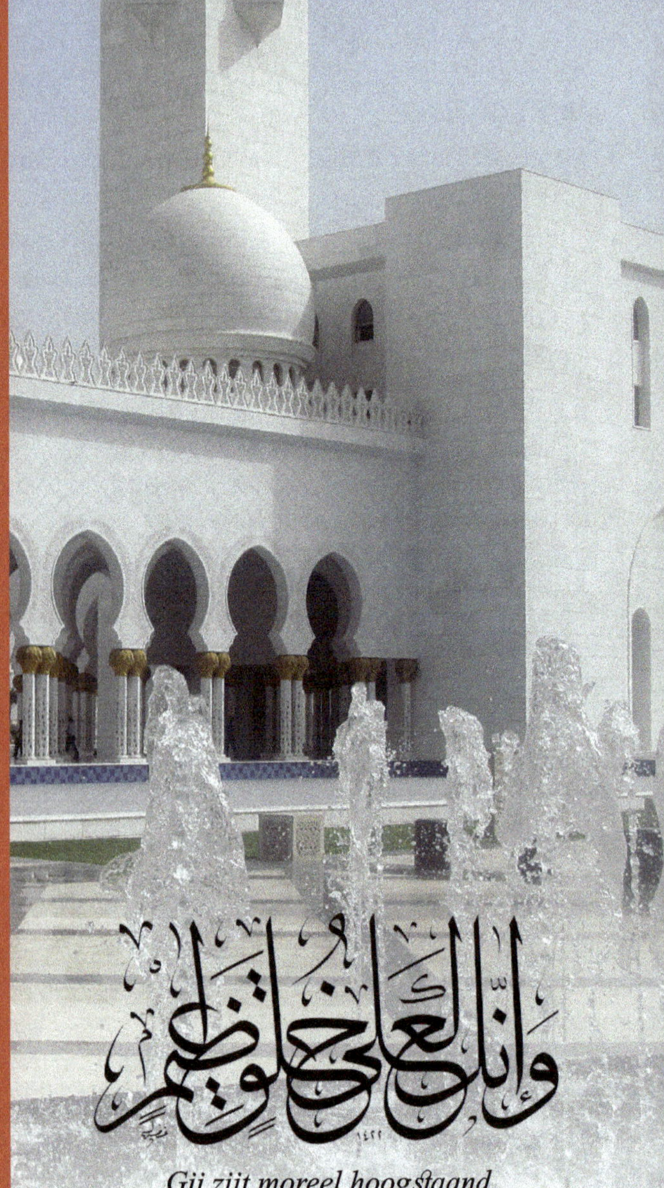

Gij zijt moreel hoogstaand

De Koran, 68:4

Persoonlijke Ontwikkeling en Leiderschap

Perfecte verhouding tussen bevrediging van lichamelijke en spirituele noden: Bij verschillende gelegenheden riep Mohammed op tot het handhaven van het juiste evenwicht tussen materialisme en spiritualiteit. Beide noden moeten op een gematigde en toegestane manier bevredigd worden. Hij moedigde mensen aan om geloof aan te nemen als een betere en gemakkelijker manier van le-ven, niet als een hardere en strengere. Hij moedigde daarnaast mensen ook aan om hun lichaam te verzorgen, en matig te eten.

Geen Extrem-isme!

Mohammed veroordeelde extremisme: Hij riep op tot een evenwichtige levenswijze, evenwichtige zienswijzen en rationeel denken. Er wordt verteld dat er eens drie mensen naar zijn huis kwamen om hem te vragen naar zijn manier van aanbidding. Mohammed was niet thuis, en zijn vrouw sprak met hen. Zij vonden zijn manier van aanbidding minder aan wat zij van een Profeet zouden verwachten.

Volgens hun denkwijze vereiste een godvruchtig leven vooral concentratie op spirituele aspecten, en het negeren van sommige lichamelijke noden of het lichaam de natuurlijke verlangens ontzeggen. Zij vonden dat zij vrijgezel moesten blijven en niet mochten trouwen. Daarnaast moest iemand dan elke dag vasten en 's avonds laat extra gebeden opzeggen naast de dagelijkse gebeden.

Toen Mohammed vernam wat zij zeiden, was hij enigszins overstuur, maar verklaarde dat hij 's avonds gewoonlijk extra gebeden zei en rustte zoals alle andere mensen. Bovenop de jaarlijkse vasten tijdens de maand Ramadan, vastte hij soms enig tijd, en op andere momenten niet.

Tenslotte was hij ook getrouwd, en hij had liever dat mensen niet alleen bleven. Hij zei:

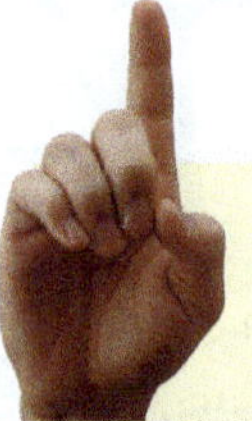

"Dit is mijn 'Sunnah' (de levenswijze die God welgevallig is). Wie deze niet kan aanvaarden, is niet één van ons". (Bukhaari, 1184) and (Muslim, 849)

Mohammed houdt niet van ontbering :

Eenvoud

Er wordt verteld dat als Mohammed moest beslissen over een zaak of probleem waarbij meer dan een mogelijkheid of alternatief gegeven werd, hij gewoonlijk de ontbering vermeed, en minder gecompliceerde mogelijkheden gaf, op voorwaarde dat deze het vereiste doel dienden, en geen onwettige dingen inhielden.

(Sahih Al-Bukhari, 8/160, 6786. Sahih Muslim, 7/80, 2327)

hoffelijkheid
van Calligrapher
Wissam Shawkat

Waarden

Reinheid en zuiverheid.

Netheid en persoonlijke hygiëne zijn essentiële elementen in het islamitische geloof. Vers 222 in hoofdstuk 2 van de Heilige Koran verklaart dat God houdt van wie zichzelf zuivert.

> *"...Waarlijk, Allah bemint wie zich in berouw tot Hem wendt, en zij die elke vorm van reinheid nastreven".*
>
> De Koran, 2 :222

> *"En reinig uw kledij"*
>
> De Koran, 74: 4

Elke dag wassing

Rituele wassing vòòr het gebed is een vereiste. Dit omvat het wassen van de handen, gelaat, armen tot aan de elleboog, het hoofd en de voeten.

Daarenboven wordt "Ghusul" (het hele lichaam wassen op regelmatige basis) sterk aangeraden, en wordt het beschouwd als een deel van Mohammeds "Soenna" (leer en levenswijze). Ghusul is weliswaar een noodzaak bij bepaalde gelegenheden (bijvoorbeeld na huwelijksbetrekkingen en de menstruatie).

Mohammed benadrukte zuiverheid en reiniging in alle aspecten van het leven. Hij vroeg zijn metgezellen hun woningen en omgeving geregeld schoon te maken. Hij leerde hen dat het opruimen van obstakels en rommel op straat een lonende liefdadige handeling was.

Tevens drong Mohammed er bij zijn metgezellen op aan een sterke persoonlijke hygiëne en netheid te handhaven. Zijn uitspraken in deze context tonen het volgende:

- kleed je in zuivere en nette kleren, maar zonder al te veel opsmuk
- gebruik reukstoffen ("Teeb") om aangenaam te ruiken
- knip je nagels, en verwijder schaam- en okselhaar
- was je handen voor en na het eten. Raak na het ontwaken geen voedsel aan voordat je handen gewassen zijn

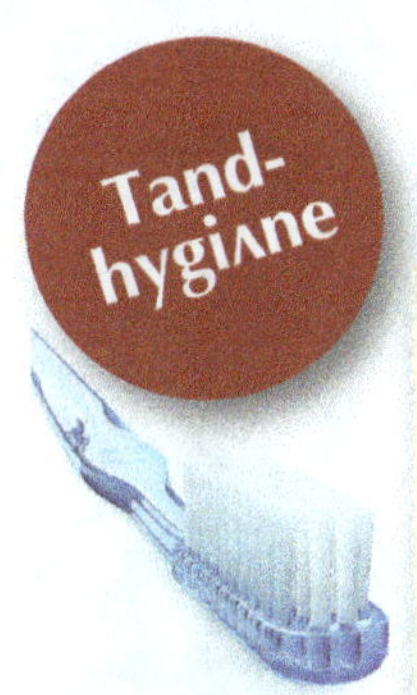

"Miswak" en tandhygiëne . Schone mond en frisse adem tijdens de hele dag:

Profeet Mohammed zei: "Als het zal u niet lastig, zou ik beveel je om je tanden met "Miswak" poetsen voor elk gebed (vijf keer per dag)". Met andere woorden [om niet te moeilijk zijn voor mijn mensen bestelden ze een (Miswak) tandstok met elk gebed gebruiken]. (Verteld door Bukhari & Muslim)

Wat is miswak ? De miswak of Siwak is een tanden reinigen takje gemaakt van de Salvadora persica boom (bekend als arak in het Arabisch). Een traditionele en natuurlijk alternatief voor de moderne tandenborstel, het heeft een lange, goed gedocumenteerde geschiedenis en is bekend om zijn geneeskrachtige voordelen eigenschappen. Afgezien van hun antibacteriële activiteit die kan helpen bij het controleren van de vorming en de activiteit van tandplak, kunnen ze effectief worden gebruikt als een natuurlijke tandenborstel voor de tanden te reinigen. Dergelijke stokken zijn effectief, goedkoop, gemeenschappelijke, beschikbaar en bevatten veel medische eigenschappen ". Het heeft ook een prominente plaats in de islamitische hygiënische jurisprudentie.

Nota: Chemische analyse van de miswak toont dat deze vele nuttige mineralen en elementen bevat, zoals grote hoeveelheden fluoriden, silicium, vitamine C en kleine hoeveelheden chloriden, tannines, saponiden, flavenoïden en sterolen. Volgens analyses helpt miswak tandplak te bestrijden, terugwijkend en bloedend tandvlees. Een miswak-stoker geeft vers sap af en silicium, dat werkt als een schuurmiddel dat vlekken verwijdert. Miswak maakt de tanden zacht en doeltreffend schoon, zonder glazuur of tandvlees te beschadigen. De chloride helpt plak en tandsteen te verwijderen, en de vitamine C stimuleert genezing en herstel van het (mond) weefsel. Men gelooft dat het extract van de miswak hoofdpijn verlicht, verkoudheid, misselijkheid, spanning en duizeligheid.

Waarden

Kennis als toegevoegde waarde:

Mohammed bracht een boodschap van licht en leiding, die een bron werd van beschaving en wetenschappelijke vooruitgang gedurende vele eeuwen. Deze vertrok vanuit een goddelijke openbaring die begon met het woord "Lees" ["studeer"]. Dit betekende op enkele tientallen jaren een revolutie in kennis en alle soorten wetenschap in Arabië en de hele wereld

Woorden als"lezen / denken / leren / observeren / verkennen / begrijpen / overdenken / beschouwen / zien en reflecteren" worden herhaaldelijk vermeld in de Heilige Koran.

Waarlijk, in de schepping van de hemelen en de aarde, in de afwisseling van dag en nacht zijn de tekenen (van Zijn scheppende kracht) voor wie begrip en onderscheidingsvermogen heeft.
Zij die Allah (Heer der wezens) gedenken met ontzag, staand, zittend of liggend, en die nadenken over de schepping van hemel en aarde, zeggen : 'Onze Heer ! Gij hebt dit alles niet zonder doel geschapen!'.

De Koran, 3:190-191

En zowel op de aarde als in uzelf zijn er wonderbaarlijke tekenen van Zijn Aanwezigheid – kunt gij deze dan niet zien ? De Koran, 51:20-21

Mohammed voegde waarde toe aan het leven van mensen door hen aan te moedigen tot studie en het zoeken van nuttige kennis. Hij drong er bij zijn metgezellen op aan om kennis aan te wenden voor het welzijn van de mensheid, en niet om boosdoenerij te veroorzaken. Hij lieerde dit aan het welgevallen van God, toen hij zei:

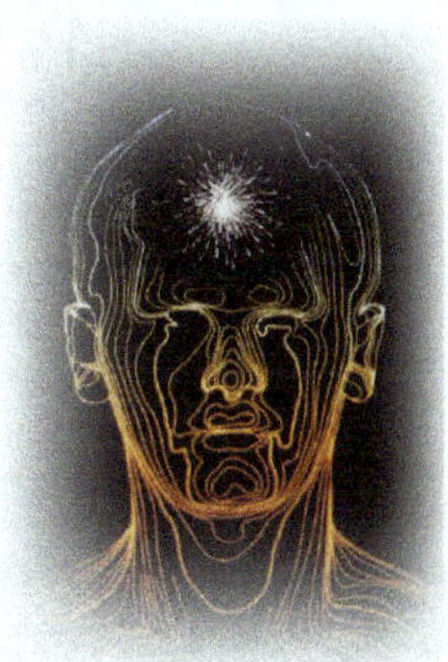

"God vergemakkelijkt de weg naar het Paradijs voor wie de we" (Sahih Muslim, 8/71, 2699)

Gedurende vele eeuwen waren islamitische wetenschappers voortrekkers op het gebied van theoretische en toegepaste wetenschappen. De Korantaal, het "Arabisch" werd de taal der wetenschappen in de volgroeide universiteiten, waar graden in chemie, wiskunde, rekenkunde, geneeskunde, astronomie, aardrijkskunde, bouwkunde, kunst en literatuur werden toegekend. Sommige onderzoekers erkennen dat de westerse beschaving voornamelijk steunde op de islamitische. Zonder deze basis had de westerse beschaving 500 jaar meer nodig gehad om wat nu bereikt is te verwezenlijken.

Bijdragen van beroemde islamitische wetenschappers

Wetenschapper	Belangrijkste bijdragen
Geber ("vader" van de chemie) **721-815**	**Jaber Ibn Hayyan** was een vooraanstaand multidisciplinair wetenschapper, in de chemie, astronomie, astrologie, bouwkunde, geologie, filosofie, fysica, medicijnen en geneeskunde. Hij wordt door velen als de grondlegger van de chemie beschouwd. Hij was de eerste die zuren ontdekte zoals salpeterzuur, zout- en zwavelzuur. Hij beschreef verschillende chemische processen zoals verdamping, sublimatie en distillatie. De chemie-geschiedkundige Erick John Holmyard eert Geber voor het ontwikkelen van de alchemie in een experimentele wetenschap.
Algoritmi ("vader" der algoritmen) **780-850**	**Mohammed Ibn Musa Al-Khwarizmi** was een van de grootste wetenschappers van zijn tijd. Hij was wiskundige, sterrenkundige en aardrijkskundige. Hij introduceerde het decimale stelsel. Hij deed een belangrijke bijdrage tot de wiskunde toen hij de "algebra" (van het woord "Al-Jabr") en de "algoritmen" (van zijn naam afgeleid). Zijn naam is de oorsprong van het Spaanse "guarismo" en het Portugese "algarismo", die beiden "getal/cijfer" betekenen.
Rhases (Rasis) ("vader" van de fysica) **865-929**	**Abu Bakr Muhammad Ibn Zakariya Al-Razi**. Hij wordt door vele wetenschappers beschouwd als de vader der dokters. Hij was de eerste die de mazelen van de pokken wist te onderscheiden. Hij ontdekte talloze samenstellingen en scheikundige stoffen, waaronder alcohol en keroseen. E.G. Browne beschouwt hem als de meest oorspronkelijke der dokters. Hij schreef belangrijke boeken die in verschillende talen vertaald werden, zoals de "Al-Hawi" medische encyclopedie, De Grote Pharmacologie, Nier- en Blaasstenen en het Boek van Ervaringen.

Avicenna ("vader" van moderne geneeskunde) **980-1037**	**Abu Ali Al-Hussein Ibn Sina** is zowat de eminentste islamitische geleerde in de medicijnen en wetenschapper ter wereld. Hij was een all-round geleerde en de auteur van bijna 200 boeken over wetenschap, godsdienst en filosofie. Avicenna's 2 belangrijkste werken zijn : "Shifa" (Boek der Heelkunde), een filosofisch encyclopedie gebaseerd op de traditie van Aristoteles, en "Al Qanun Fi Tibb" (Canon der Geneeskunde). De "Canon", een 14-delig boek, rangschikt en beschrijft ziekten, en zet hun mogelijke oorzaken uiteen. Vertaald in verschillende talen, en een medische standaardhandleiding in Europa gedurende 7 eeuwen (tot begin 18de eeuw)
Al Jazari **1136-1206**	**Abul-Iz Bin Ismael Al-Jazari**. Het bekendst om zijn "Boek van de kennis van Vernuftige Mechanische Toestellen", waarin hij vijftig mechanieken beschrijft, samen met de instructies om die te bouwen. Al-Jazari staat ook bekend als de uitvinder van de grootste astronomische "kasteelklok", beschouwd als de allereerste programmeerbare analoge "computer". Volgens Donald Routledge Hill beschreef Al-Jazari de meest gesofisticeerde kaarsklokken. Hij bedacht ook een waterklok en de krukas, die draaiende beweging omzet in rechte beweging.

Avicenna

Latijnse cijfers:

I, II, III, IV, V, VI, VII, VIII, IX, X

Arabische cijfers:

1, 2, 3, 4, 5, 6, 7, 8, 9, 10

Sport als toegevoegde waarde

Mohammed moedigde zijn gezellen gewoonlijk aan om hun lichaam gezond te houden, en verschillende sporten te leren, zoals zwemmen, boogschieten, paardrijden en paardenrennen houden.

Daarnaast nam hij deel aan hardloopwedstrijden met zijn metgezellen, een sport die geluk en opwinding brengt. Er wordt verteld (Musnad Ahmad) dat Mohammed ook loopwedstrijden met zijn vrouw Aisha hield – zij won dan de ene keer, hij de andere keer.

Deze bezigheid weerspiegelt de wederzijdse liefde, harmonie en het plezier die Mohammed en zijn vrouw hadden. (Abu-Dawoud, 2/334, 2578. Ibn-Majeh, 3/149, 1979)

Mohammed wees een gebied aan de westkant van de Nabawimoskee in Medina aan als atletiekveld. Daar werden ook de paardenrennen gehouden. Naast dit veld werd een moskee gebouwd, de Sabaq-moskee (d.w.z. de moskee van het wedstrijdgebied).

Sociale Waarden

Mohammed spoorde mensen aan van elkaar te houden

Mohammed zei : "Ik zweer voor God dat jullie niet waarlijk in Hem kunnen geloven als jullie elkaar niet beminnen. Ik zal jullie vertellen hoe jullie van elkaar kunnen houden. Begroet elkaar vaak, en maak er een gewoonte van." (Verteld door moslim 54)

Mensen begroeten met de salaam is een boodschap van vrede.
Mohammed ﷺ

En hij zei : "Niemand zal een goed gelovige worden als hij niet voor zijn broeder wenst, wat hij ook voor zichzelf wenst." (Verteld door moslim 2699)

Hij zei ook : "Al wie een gelovige helpt een moeilijkheid te overwinnen, zal op de Dag des Oordeels door God bij moeilijkheden geholpen worden, en God zal altijd helpen wie anderen helpt"[1]. (Verteld door moslim)

Mensen begroeten is een boodschap van vrede: Mohammed zei : "Onderschat nooit een vriendelijke daad, ook niet het begroeten van een ander met een vriendelijk gezicht (met een glimlach)"[2]. En hij zei : "Wie als eerste anderen groet, komt dichter bij God dan de anderen"[3]. Bij een andere gelegenheid zei hij tegen iemand die hem vroeg naar een goede manier om met mensen om te gaan : "Bied mensen voedsel aan, en begroet al wie je kent, en wie je niet kent"[4]. (Verteld door moslim)

Mohammed begroette mensen altijd met warmte:

Volgens authentieke verhalen groette Mohammed mensen met een stralend gezicht, en wanneer hij een ander de hand schudde, liet hij diens hand niet los vòòr de ander dat deed.

Mohammed had een sterk gevoel voor humor: Hij was een opgewekt en optimistisch iemand. Mensen die met hem omgingen beschreven hem als een beminnelijk iemand, tegelijkertijd geëerbiedigd en gerespecteerd.
Bij verschillende gelegenheden maakte hij grappen met zijn vrienden, zijn vrouw, ouderen en kinderen (ook zijn eigen kinderen en kleinkinderen). In Mohammeds tijd was hardlopen een gangbare bezigheid om zich te amuseren. Er werd verteld dat men Mohammed vaak zag hardlopen met zijn vrouw, zijn eigen en andere kinderen.

Een humoristische anekdote over een bejaarde:
Er werd verteld dat een oude vrouw hem vroeg om voor haar te bidden zodat ze in het Paradijs zou komen. Mohammed antwoordde -niet al te ernstig: "Er zíjn geen oude vrouwen in het Paradijs !" Zij begreep niet wat hij zei en raakte verward. Gauw verklaarde hij zichzelf nader: "Jij (en alle andere mensen) zullen [weer] jong zijn bij het binnentreden van het Paradijs."

Een humoristische anekdote over zijn vrienden: Op een keer zag Mohammed een zekere Suhayb (een Romeinse moslim), die een verzworen oog had en er ellendig uitzag, een rijpe dadel eten. Mohammed wou wat gekscheren om hem wat op te beuren, en vroeg hem : "Hoe komt het dat je dadels eet terwijl je linkeroog verzworen is ?" Suhayb merkte dat Mohammed een grap maakte, dus antwoordde hij :"Geen zorgen, ik bijt aan de rechterkant (waar het oog geen pijn deed)". (Al-Hakim, 4/411, 8357. Ibn-Majeh 4/500, 3443)

Anas Bin Malek vertelde dat een man naar Mohammed kwam, en hem vroeg om mee te laten rijden op een kameel. Mohammed zei : "Ik zal je laten meerijden op het kalf van een wijfjeskameel." De man antwoordde : "Wat moet ik doen met een kamelenkalf ?" Waarop Mohammed zei : "Elke kameel is toch het kalf van een wijfje ?"[5]

Mohammed zorgt voor kinderen: Mohammed besteedde aandacht aan kinderen. Hij groette hen altijd en speelde met hen. Op een keer zag Mohammed een klein jongetje, dat verdrietig was omdat zijn vogeltje gestorven was. Hoewel Mohammed ergens anders moest zijn, bracht hij enige tijd door met het jongetje om hem een plezier te doen, en zijn verdriet te verlichten. (Sahih Al-Bukhari, 8/30, 6129. Muslim 6/176, 2150)
Mohammed vroeg ook altijd aan ouders om hun liefde voor hun kinderen te laten blijken, door hen te kussen en te omhelzen, en eerlijk te zijn tegenover àl hun kinderen.

Muhammad beschreef een vader die nooit zijn kind kuste als ontbreekt genade in zijn hart.

Wees goed voor je buren

Waarden

Mohammed beminde zijn buren: Mohammed had een joodse buur die de islam niet aannam en hem niet genegen was. Toen deze joodse buurman ziek werd, bezocht Mohammed hem thuis, hetgeen het hart van de man lichter maakte. Mohammed bezocht ook een zieke joodse jongen in diens huis, omdat het zieke kind enige tijd voor Mohammed had gewerkt als hulpje of knechtje.

Mohammed benadrukte vriendelijkheid tegenover buren en naasten: Mohammed vertelde zijn metgezellen dat de aartsengel Gabriël goedheid tegenover naasten beklemtoonde, in die mate dat Mohammed dacht dat iemand zelfs kon erven van zijn of haar nabuur. Mohammed verklaarde dat al wie in God en de Dag des Oordeels gelooft vriendelijk moest zijn tegenover zijn of haar naasten. (Sahih Al-Bukhari, 8/10, 6015)
Bij een bepaalde gelegenheid zei hij tegen een metgezel, Abu-Thar genaamd : "Als je soep klaarmaakt, gebruik wat méér water (om de hoeveelheid te vergroten), zodat je er genoeg hebt om met je naasten te delen." (Sahih Muslim, 8/37, 2625)

Mohammed verwierp slechte sociale gewoonten: Hij verklaarde bij verschillende gelegenheden dat "mensen met een goede moraal het dichtst bij hem zouden zijn op de Oordeelsdag, en door hem het meest zouden bemind worden."

"Haat elkaar niet, benijd elkaar niet en wees broeders."[6]

"Wie gelooft in God, vervloekt of zweert niet, en gebruikt geen ongepaste taal."[7]

Geen slechte mening , verdenking, spioneren of roddel :

"O gij die gelooft, vermijd te veel achterdocht, want een beetje achterdocht is een zware zonde, bespioneert elkaar niet, en roddel niet over elkaar.
Zou iemand van u het lichaam van zijn dode broeder willen eten ? Gij zoudt zoiets verwerpen. Aldus moet gij Allah vrezen, de Meest Vergevingsgezinde en Allergenadigste"

De Koran, 49:12

Geen valse berichten overbrengen:

"O gij die gelooft, als een zondaar u nieuws brengt waarop gij zoudt moeten handelen, ga dit nieuws zorgvuldig na, vòòr gij hem of haar gelooft en er naar handelt, zodat gij door onwetendheid geen mensen kwetst en dan spijt moet hebben van wat ge gedaan hebt.".

De Koran, 49:6-7

Geen bespotting of laster:

"O gij die gelooft, laat een volk het andere volk, dat waarschijnlijk beter is dan zijzelf, niet bespotten, noch de ene man de ander, noch de ene vrouw de andere.
Belaster elkaar niet, en scheld elkaar niet uit, en wie dit toch doet en geen berouw toont voor Allah, is waarlijk een zondaar."

De Koran, 49:11

Waarden

Waarde toevoegen door omgangsregels :

Mohammed stond sterk op omgangs- en gedragsregels. Hij leerde zijn metgezellen dat etiquette deel uitmaakt van zijn voorbeeld en levenswijze (Soenna). Daarnaast dringen vele verzen in de Heilige Koran aan op zachtheid en goede manieren. Mohammed wees er op dat wat de mensen stoort, ook de engelen stoort (zoals luide stemmen, vieze geuren, enz.).

Volgende punten vatten een deel van de islamitische etiquette samen :

- praat niet te luid en stap niet arrogant
- blijf niet te lang op bezoek bij een zieke, geef hem of haar tijd om te rusten
- men moet aangenaam ruiken als men naar de moskee gaat
- wie pas look of ajuin heeft gegeten zou beter niet naar de moskee komen, zodat anderen niet gestoord worden door onaangename geuren of oprispingen
- wees hulpvaardig en geef ruimte aan anderen in drukke plekken en plaatsen van samenkomst, waar het niet eenvoudig is enige ruimte te vinden.
- spreek anderen aan met de naam of roepnaam die zij zelf graag hebben.

- leg je hand op je mond als je geeuwt, en zegen anderen als zij niezen.
- wanneer je met anderen praat, gebruik de beste en meest aanvaardbare bewoordingen. Het goede woord is in de islam een aalmoes.
- spreek vriendelijk tegen je ouders, en schreeuw hen niet in het gezicht ; gebruik geen krachttermen, zelfs niet "uff" of "foei !" (het zwakste negatieve woord in het Arabisch).
- kinderen moeten altijd op de deur kloppen en toestemming vragen om binnen te komen, vooraleer de kamer van hun ouders binnen te treden op bepaalde momenten van de dag.
- als je aan anderen water schenkt, wees de laatste om te drinken (een voorkeursregel).
- als je op een maaltijd of banket gevraagd wordt, neem van de kommen die het dichtst bij jou staan, en stoor de anderen niet.
- adem niet in een beker water terwijl je ervan drinkt.

Etiquette tegenover vrouwen

Sla uw blik neer, en staar niet naar vrouwen of voorbijgangers. Men heeft ook gezien dat Mohammed door de knieën ging om zijn vrouw Safiya te helpen om als eerste een kameel te bestijgen, door haar voet op zijn dij te zetten.

(Verteld door Anas bin Malek – Bukhari, 9/20)

Mohammed respecteerde altijd de standpunten van anderen:

Wanneer hij aan zijn volgelingen instructies gaf die op twee verschillende manieren konden worden begrepen of geïnterpreteerd, dan aanvaardde hij beide manieren, op voorwaarde dat beiden het vereiste doel bereikten op een wettelijke manier.

In de Slag van That Al-Salassel werd de moslimbevelhebber Amr Bin Al-Aass bekritiseerd omdat hij het gebed leidde zonder ghusul of wassing te verrichten (en dus in een toestand van spirituele onzuiverheid). Mohammed luisterde naar Amrs verklaring, en aanvaardde deze. Amr vertelde Mohammed dat het die avond koud was, en als hij zijn lichaam waste, hij ziek zou kunnen worden, en aldus de groep niet leiden. (Al-Hakim, 1/177, 634. Abu-Dawoud 1/132, 334)

Mohammed was realistisch en gemakkelijk in de omgang.

Anas Bin Malik zei dat hij Mohammed tien jaar lang diende, en dat deze nooit vroeg : "Waarom deed je dit, en waarom deed je niet dat?". (Al-Tirmidhi, 3351)

Mohammed moedigde bespreking en democratie ("Shura") aan: Mohammed raadpleegde altijd zijn metgezellen en zelfs zijn vrouw. Hij adviseerde zijn volgelingen objectief te zijn en redelijk te denken. Hij gaf hen volmacht en betrok hen bij het nemen van beslissingen.

Toen de leiders van Mekka, samen met andere Arabische stammen, een aanval planden op Medina, stelde een Perzische moslim voor om een loopgraaf te graven aan de noordzijde van Medina. Hoewel dit een buitenlands concept was dat nog nooit in Arabië was toegepast, en het werd voorgesteld door een gewoon iemand, overwoog Mohammed het ernstig, en het werd goedgekeurd door de meerderheid van de moslims. Er werd een loopgraaf van 5.5 kilometer lang en 4,6 meter breed gegraven.

Bij een andere gelegenheid, de Slag van Badr, zei een man uit het volk tot Mohammed : "O Profeet, als de keuze van dit gebied voor uw kamp niet werd geïnspireerd door een openbaring, mag ik voorstellen dat we verhuizen naar een ander gebied ?" Deze man zette de redenen voor zijn voorstel uiteen, en na beraadslagingen verwelkomden Mohammed en de meerderheid van de moslims dit voorstel ; zij trokken naar het ander gebied.

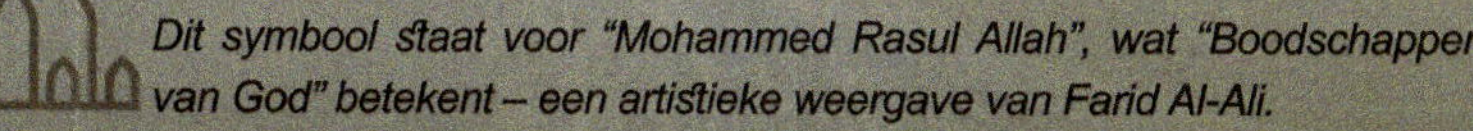

Dit symbool staat voor "Mohammed Rasul Allah", wat "Boodschapper van God" betekent – een artistieke weergave van Farid Al-Ali.

Waarden

Respecteer mensen die een ander geloof hebben : Mohammed moedigde zijn metgezellen aan om vriendelijk en eenduidig te zijn tegenover mensen van een ander geloof, maar tegelijk een assertieve persoonlijkheid en helder begrip van hun islamitische geloof te handhaven.

Mohammed demonstreerde bij verschillende gelegenheden hoe sterk hij mensen respecteerde, onafhankelijk van hun geloof. Er wordt verteld dat hij recht stond om respect te betuigen voor een begrafenisstoet die de doodskist van een joodse man droeg, toen deze hem en zijn gezellen voorbijkwam. Toen een gezel hem verwonderd vroeg waarom hij opstond voor het lichaam, antwoordde Mohammed :"Hij is een mens"
(los van zijn volk, geloof en sociale klasse).

(Sahih Al-Bukhari, 2/85, 1312. Sahih Muslim, 3/58, 961)

Oekumen-ische dialoog

Oikumenische dialoog en vreedzaam samenleven met andersgelovigen:

Oikumenische dialoog kan omschreven worden als over-en-weer communicatie of een debat tussen twee mensen van verschillend geloof en traditie, teneinde positieve resultaten te bereiken, zoals de overgang van wantrouwen en verwarring naar begrip en het zich bewust zijn , of van vijandschap naar vriendschap.

In het jaar 632, ontving en herbergde Mohammed in zijn Moskee in Medina een christelijke delegatie die van Najran in Jemen kwam, om over de islam te leren en de verschillen tussen islam en christendom te bespreken.

Mohammed gaf richtlijnen en omgangsvormen op voor het gesprek en debat met anderen, gebaseerd op de lessen uit de Koran, die respect, wijsheid, wederzijds begrip en vriendelijkheid beklemtonen. Hij reciteerde volgende verzen uit de Heilige Koran:

> *"Nodigt anderen tot de Weg van uw Heer, met wijsheid en goede aanmaningen, en redekavel met hen op de beste manier. Uw Heer weet het best wie van Zijn Pad is afgedwaald en wie het best geleid wordt."*
>
> De Koran, 6:125

> *"En redetwist niet met de Volkeren van het Boek, tenzij op de aangewezen manier, en behalve indien zij u onterecht aanvallen. Zeg hen : wij geloven in wat aan ons en aan u werd geopenbaard, en wat aan u werd geopenbaard : onze God en uw God zijn een en dezelfde, en aan Hem onderwerpen wij ons."*
>
> De Koran, 29:46

Religieuze tolerantie

De Omar-moskee en de Kerk van het Heilig Graf, Jeruzalem:

In de oude stad Jeruzalem bestaat al vele eeuwen een groot voorbeeld van godsdienstige verdraagzaamheid. Het begon toen de tweede islamitische heerser van de moslimstaat, kalief Omar Bin Al-Khattab, Jeruzalem vreedzaam veroverde (in 638), zonder een druppel bloed te doen storten.

Omar werd door de aartsbisschop van Jeruzalem, Sofronius, uitgenodigd om te komen bidden in de Kerk van het Heilig Graf. Deze kerk staat ook bekend als de herrijzeniskerk ("Anastasis" voor de orthodoxe christenen

van het Oosten). Het is de heiligste christelijke plaats ter wereld, en omvat de "Calvarie", waar Jezus volgens christelijk geloof werd gekruisigd, en het graf (of tombe) waa r hij werd begraven. Het is al sinds de 4de eeuw een belangrijke bestemming voor pelgrims.

In een opmerkelijk gebaar weigerde Omar in de Kerk te bidden, zeggend :"**Als ik in de Kerk had gebeden,dan zou ze door de moslims als moskee of plaats van eredienst genomen worden.**"

In plaats daarvan bad Omar op enkele meters van de Kerk. Deze daad bevestigde het vreedzame samenleven van islam en andere godsdiensten, en de vrijheid van eredienst voor niet-moslims in een islamitische staat.

Op de plaats waar Omar gebeden, werd een moskee gebouwd, om deze historische gebeurtenis te herdenken (en werd later de Omar-moskee genoemd). Kalief Omar vertrouwde de hoede over de Kerk van het Heilig Graf toe aan Ubadah Ibn Al-Samit, een gezel van de profeet Mohammed, die de eerste islamitische rechter van Jeruzalem werd.

Ubadah stierf in het jaar 658, en werd begraven op de Begraafplaats van de Poort der Genade, op de zuidhoek van de muur die het Nobele Heiligdom omwalt. Het Heiligdom omvat de Koepel van de rots en de Aqsa-moskee.

Het verdrag van Omar:

Omar stond het volk van Jeruzalem een overeenkomst van vrede en bescherming toe, later bekend als "het Verdrag van Omar". Het werd bevestigd aan de deur van de moskee, waar het tot op heden nog hangt.

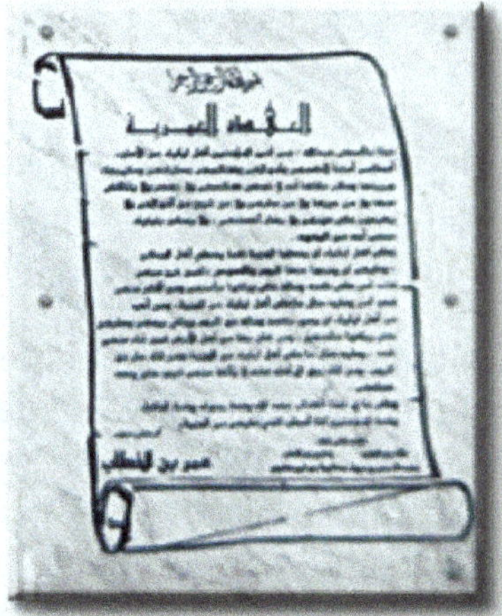

Waarden

Verdrag van Omar

In de Naam van Allah, de Genadigste, de Meest Meedogende

Dit is een verzekering van vrede en bescherming, gegeven door de dienaar van Allah, Omar, aan het volk van Illia' (= Jeruzalem). Hij verzekerde hen van bescherming van hun leven, eigendom, kerken, zieken en gezonden en de hele godsdienstige gemeenschap.

De kerken zouden niet bezet, vernietigd of deels of geheel weggenomen worden. Er zou geen godsdienstige dwang komen, en niemand zou gekwetst worden. De mensen van Illia zouden belasting ("Jizia") betalen zoals alle stadsburgers (en zoals moslims een gelijkaardige belasting betalen, "zakat").

Handel en Zakelijke Ethiek

Mohammed moedigde handel aan op basis van nobele islamitische waarden, die vechten tegen bedrog, immorele transacties, misleiding, fraude, monopolies en uitbuiting.

Mohammed zei: "Wie bedriegt is niet een onder ons (onder de rechtvaardigen gelovigen)." *Verteld door Muslim.*
Ook zei hij: "God schenkt Zijn genade aan wie verdraagzaam is wanneer hij koopt en verkoopt, en tolerant wanneer hij zijn rechten opeist." *(Van toepassing op man én vrouw – Bukhari, 2076/16)*

Liegen of beloften breken is schijnheiligheid :

Tegen misleiding en bedrog

Mohammed zei: "Al wie volgende eigenschappen vertoont, is schijnheilig, en wie één ervan heeft, blijft schijnheilig, tot hij die eigenschap verlaat :

1. Bedriegen wanneer men hem vertrouwt;
2. Liegen wanneer hij spreekt;
3. Verraderlijk blijken bij het sluiten van een verbond;
4. Zeer onvoorzichtig, boosaardig en beledigend zijn bij een ruzie".

Hedendaagse markten en winkeltjes in Medina

vrijhandels zone

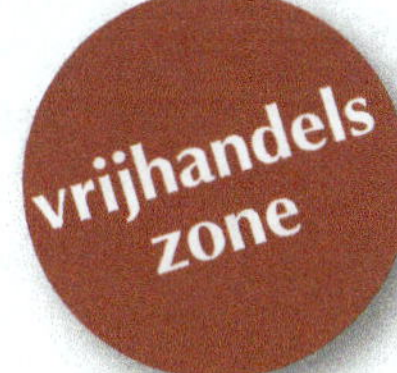

Kort na zijn aankomst in Medina, gaf hij zijn metgezellen instructies om een stuk grond te kopen, en dat voor te behouden voor de vrije handel . Mensen konden er kopen en verkopen zonder taksen of vaste lasten te moeten betalen. Zij noemden dit gebied "Manakha".

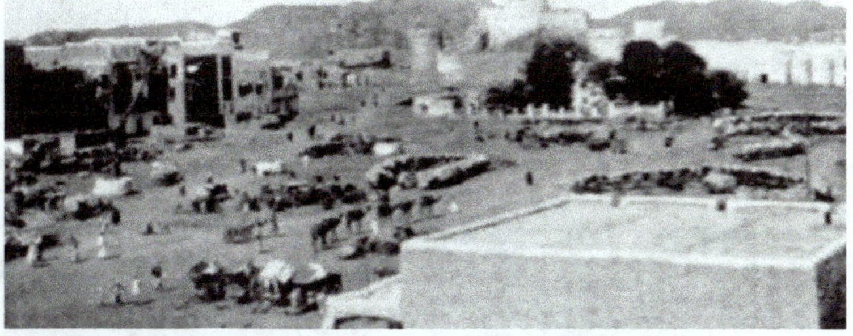

"Manakha" betekent : plek waar kamelen gaan liggen zodat de handelsgoederen van hun rug kunnen afgeladen worden..

Het stuk grond werd als een schenking gelaten tot op heden. De foto toont de muur die het vrijhandelsgebied omsluit.

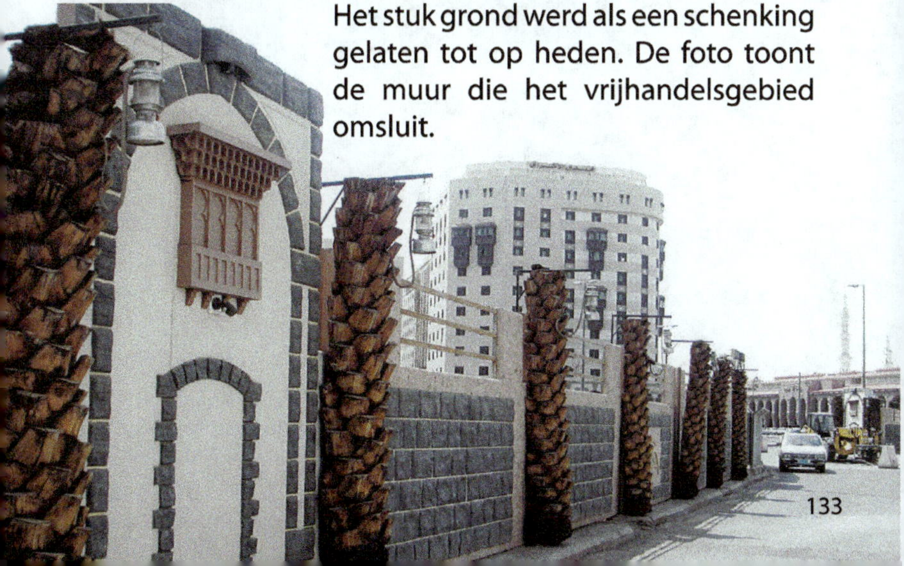

Foto genomen van de Grote Sultan Qaboos moskee, Sultanaat van Oman. Islamitische architectuur wordt weerspiegeld door de houten plafonds, de islamitische bogen en decoraties.

VOETNOTEN

1) Riyadh Al-Salihin (183/3), (245/2), Sahih Al-Bukhari (13)
2) Riyadh Al-Salihin (121/5)
3) Riyadh Al-Salihin (858/2)
4) Sahih Al-Bukhari (11)
5) Sahih Al Albani, Abu Dawood, Emam Ahmed and Trimithi
6) Riyadh Al-Salihin (1591/1), Sahih Al-Bukhari (6065)
7) Riyadh Al-Salihin (1734/1) (1738/3)

De Rots Koepel, Jeruzalem. Foto's zijn genomen door Peter Sanders

Hoofdstuk

6

Vrouwen

Blauwe Moskee, Istanboel, Turkije

Mohammed Gaf aan de Vrouwen hun Rechten

Voòr de komst van de islam hadden vrouwen geen burgerrechten. De Arabieren gaven de voorkeur aan mannelijke boven vrouwelijke baby's, in zoverre dat veel vaders hun vrouwelijke baby's of kinderen levend begroeven.

Geen discriminatie naar geslacht: Mohammed veroordeelde dergelijk immoreel gedrag, en leerde zijn metgezellen om hun kinderen te beminnen en behoorlijk op te voeden, los van hun geslacht. In feite legde hij zelfs nadruk op meer zorg en aandacht aan vrouwelijke kinderen, tot zij volwassen zijn en trouwen. Mohammed zei

> "Vrouwen zijn de tweelinghelft van de mannen" [1]
> (Tirmithi, 1/154, 113)

Vrouwen erven zoals de mannen: Vòòr de islam hadden vrouwen geen recht op erfenissen. Mohammed slaagde er in dit gebruik te veranderen. Vrouwen verwierven het recht om te erven, net als mannen. Mohammed creëerde daarmee geen islamitisch erfenisstelsel, maar bracht slechts Gods Woord (bewaard in de Quran) over, waarin de erfdelen van elke persoon (mannelijk of vrouwelijk) bepaald worden.

Mohammed geschreven in een Symmetrische artwerk . Oorspronkelijk ziet het er zo uit: محمد . De letters M en H, eerste helft van het woord zijn symmetrisch gelijk aan de letters M and D, laatste helft van het woord, in het Arabisch.

De unieke identiteit van vrouwen: Een vrouw wordt niet beschouwd als een deel van de bezittingen van haar man. Zij is een vrije persoon met een eigen identiteit. Als een vrouw trouwt, hoeft zij haar familienaam niet te veranderen. Haar identiteit blijft bewaard en haar welstand en bezit worden beschermd onder de islamitische wet. Wanneer haar man overlijdt, dan wordt zij beschouwd als één van de erfgenamen, en niét als een bezit dat aan de mannelijke erfgenamen toevalt, zoals dat was vòòr de islam. (Voor de islam werden vrouwen behandeld als "roerend goed").

Een vrouw is geen seksueel gebruiksvoorwerp: Prostitutie en overspel worden ten strengste verboden in de islam. Mohammed toonde het volgende aan : als iemand ontucht of overspel begaat, dan bevindt hij of zij zich niet in een toestand van "Eaman" (d.w.z. het geloof in God is niet sterk genoeg geankerd in zijn of haar hart, bijgevolg voelt die persoon zich niet schuldig tegenover God wanneer de ontucht gepleegd wordt). God openbaarde in de Koran:

> *"En hou u verre van ontucht (onwettige voorhuwelijkse of buitenhuwelijkse betrekkingen). Zie ! Dat is een gruwel en een boze weg".*
>
> De Koran, 17:32

Hijab in de islam In de islam zijn de hoofddoek en bescheiden kledij een verplichting voor volwassen vrouwen. Daarenboven verbiedt de islamitische leer de vrouwen om hun lichaam of vrouwelijkheid te gebruiken voor openbaar genoegen of seksuele verleiding.

Bedrijven, reclames en advertenties die steunen op het tonen van vrouwenlichamen ter verleiding en seksuele aantrekking zijn niet toegestaan in de islam.

De islamitische leer verhindert de middelen die zouden kunnen leiden tot seksuele intimidatie, aanranding, verkrachting, geslachtsziekten en andere schandalige dingen, zoals naaktheid en pornografie.

Trouw dan toch!

Geen sex voor het huwelijk

Mohammed moedigde mensen aan om te trouwen en een gezin te stichten. Hij leerde zijn volgelingen nobele islamitische waarden, die ongewettigde seksuele relaties uitbannen, behalve de gewone huwelijksband tussen een man en een vrouw. (Sahih Al-Bukhari, 3/26, 1905)

Een jonge man vroeg ooit toestemming aan Mohammed om overspel te bedrijven (seksuele omgang buiten het huwelijk met een vriendinnetje of vrouw van lichte zeden). Mohammed antwoordde : "Zou jij overspel aanvaarden van je moeder ?" De man antwoordde : "Nee". Mohammed antwoordde : "Op diezelfde manier zou niemand dat van zijn moeder aanvaarden". Toen herhaalde Mohammed de zelfde vraag drie maal : "Zou je dat aanvaarden van je dochter, zuster, tante ?". De man antwoordde telkens "nee", en Mohammed herhaalde wat hij gezegd had : "Op de zelfde manier zou niemand dat aanvaarden van zijn eigen dochter, zuster of tante".

Toen legde Mohammed zijn hand op het hart van de man, en smeekte God : "O mijn Heer, vergeef hem zijn zonde, zuiver zijn hart en breng hem kuisheid". (Munsad Ahmad, 10/5220, 22641)

Mohammed gaf aan de vrouw volmachten:

Vrouwen spelen een cruciale rol in de maatschappij, aangezien zij de volgende generatie van de gemeenschap voeden en opvoeden. Moslimvrouwen werden gemachtigd om een actieve rol in de maatschappij op te nemen, zonder de rol van de man over te nemen.

Hoewel de voorkeur werd gegeven aan de taak van het opvoeden van de kinderen en voor hun welzijn te zorgen, gingen vrouwen ook werken en namen zij deel aan het sociaal en politiek leven.

Mohammed placht zijn vrouwen te raadplegen in verscheidene zaken die met de gemeenschap te maken hadden. Mohammed vroeg de vrouwen zich er toe te verplichten (zoals de mannen) de islamitische waarden te eerbiedigen, aangezien deze verantwoordelijk waren voor de islamitische wetten.

Onder de inspanningen die Mohammed deed om de rol van vrouwen in de maatschappij te bekrachtigen, wees hij bepaalde dagen per week aan voor de opvoeding van vrouwen. Hij drong er bij hen op aan deel te nemen aan islamitische gebeurtenissen, feestdagen en gebeden. Zelfs de dienstvrouwen konden Mohammed ontmoeten, met hem praten en zijn hulp of advies vragen.

De zorg voor de dochters:

Mohammed benadrukte bij verschillende gelegenheden de goede behandeling van vrouwen, en hij beschreef hen als "delicaat en breekbaar als glas". Hij zei tot zijn metgezellen dat wie behoorlijk voor zijn dochters zorgt en godvrezend is door hen te verzorgen en naar het pad van het geloof te leiden, zeker in het Paradijs komt.

De vrouw als moeder: Een man vroeg aan Mohammed : "Wie verdient mijn dichtste steun en gezelschap ?" Mohammed antwoordde : "Jouw moeder." Toen vroeg de man : "En na haar, wie dan ?" Mohammed antwoordde : "Jouw moeder."

De man stelde de vraag telkens weer, waarop de Profeet telkens antwoordde : "Jouw moeder". Uit nieuwsgierigheid stelde de man deze vraag een vierde keer (hij besefte dat Mohammed nadruk wou leggen op de beste behandeling van de moeder), en toen zei Mohammed : "Jouw vader." (dus vader verdient nà moeder het meeste steun en gezelschap) [2].

(Sahih Al-Bukhari, 2/8, 5971. Muslim, 8/2, 2548)

Geleerden bemerken bij bovenstaand verhaal dat moeders niet kunnen ontsnappen aan drie belangrijke vormen van lijden : 1) zwangerschap, 2) weeën en bevalling en 3) borstvoeding en ontwenning.

De vrouw als echtgenote : Mohammed verklaarde dat als een man niet tevreden is over een bepaalde eigenschap in zijn vrouw, hij een andere eigenschap wel graag zal hebben. En hij zei:

> De gelovigen die het zuiverste geloof tonen, zijn degenen met het beste karakter ; en de beste gelovigen zijn zij die hun vrouw het best behandelen. (Tirmithi, 6/188, 3895)

Dit bevordert liefde, eensgezindheid en wederzijds begrip.

Anderzijds hield Mohammed niet van scheidingen. Hij wees er op:

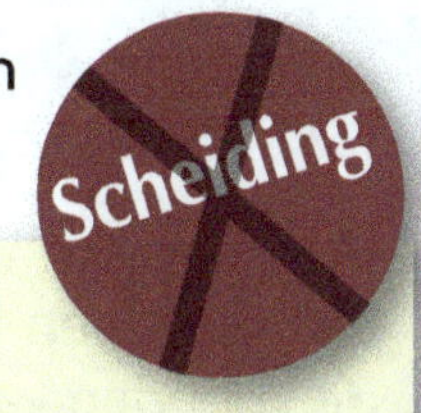

"Van alle toegestane zaken, is de scheiding God het minst aangenaam".

Als een scheiding onvermijdelijk wordt, laat die gebeuren onder goede voorwaarden en met vriendelijkheid.[3]

Mohammed hield van zijn vrouw: Ongeveer twee jaar na de dood van zijn vrouw Khadija, trouwde Mohammed met Aisha, de dochter van zijn beste vriend Abu-Bakir. Hoewel hij zeer loyaal was tegenover zijn gestorven vrouw, beminde hij Aisha en was hij oprecht tegenover haar. Ooit werd hem door Amr bin Al-Aass (een gezel) gevraagd : "Wie bemin jij het meest ?". Mohammed antwoordde : "Aisha". (Al-Bukhari, 5/5, 3662)

Bevestig je liefde voor je vrouw: Aisha vertelde dat Mohammed zijn liefde voor beschreef als een touw waarin een strakke knoop zit. Aisha vroeg hem soms : "Hoe staat het met de knoop ?", en Mohammed bevestigde zijn liefde voor haar. Hij zei : "Die knoop zit nog even strak als voorheen."

Wees een loyale echtgenoot

Mohammed toonde voorbeeldige trouw tegenover zijn overleden vrouw:

Mohammed vroeg zijn vrouw Aisha wel eens om een maaltijd te laten sturen naar de vrienden van zijn overleden vrouw Khadija, telkens als Aisha schapenvlees of ooilam klaarmaakte.

Mohammed vertelde Aisha dat er niemand beter was dan Khadija in haar dagen, want zij geloofde hem toen hij de eerste keer de openbaring van God kreeg (sommige van zijn ooms en verwanten geloofden hem namelijk niet). Zij troostte hem ook financieel en steunde hem, zonder woorden.

Ondanks het feit dat Mohammeds opmerkingen over wijlen zijn vrouw Khadija volgens sommigen jaloezie bij zijn huidige vrouw Aisha kon opwekken, was hij een eerlijk en loyaal echtgenoot tegenover zijn vrouwen.

Dit is het woord "Mohammed", ontworpen in een formele Arabische stijl, lijkend op een bloem. Met dank aan plastisch kunstenaar Farid Al-Ali.

Mohammed en Polygamie

Polygamie werd niet door Mohammed ingesteld: In feite bestond polygamie vòòr de islam, zonder beperking in aantal vrouwen. Het was niet uitzonderlijk dat een man meer dan één vrouw had, het zij als echtgenote, concubine of slavin[4].

Men weet dat de profeet Abraham getrouwd was met Sara, de moeder van Isaak, en met Hagar, de moeder van Ismaël. Er wordt eveneens verteld dat koning Salomon vele vrouwen en honderden concubines had[5].

Getrouwd met 1 vrouw voor 25 jaar

Mohammed had het grootste deel van zijn leven slechts één echtgenote: Hij was bijna 25 jaar lang getrouwd met Khadija, en had 4 dochters en 2 zonen. Beide zoontjes stierven al in hun kindertijd.

Nadat Khadija gestorven was huwde hij een arme, oudere weduwe, Sawdah. Haar man was gestorven nadat zij uit Abessinië waren teruggekomen, het land waarheen Mohammed sommige van zijn metgezellen had gezonden om een schuilplaats te zoeken.

Zijn huwelijk met Sawdah betekende voor haar een vorm van ondersteuning. Mohammed was bijna 50 toen hij met Sawdah, die ouder was dan hem, trouwde.

Mohammed huwde de dochter van zijn intiemste metgezel, Abu-Bakir: Ongeveer 3 jaar na het overlijden van zijn eerste vrouw Khadija trouwde Mohammed met Aisha, dochter van zijn beste vriend en trouwste metgezel, Abu-Bakir. Dit huwelijk was een eer voor Abu-Bakir en Aisha.

Mohammed huwde de dochter van zijn tweede, dichtste gezel, Omar: Twee jaar later verloor Hafsa, de dochter van zijn tweede dichtste metgezel Omar, haar echtgenoot in de Slag van Uhud en werd weduwe. Omar had gewild dat zijn dochter een van zijn vertrouwde vrienden zou huwen, maar geen van hen deed een aanzoek. Dit huwelijk was eveneens een hele eer voor Omar en zijn dochter Hafsa.

Mohammed huwde een islamitische weduwe, een dochter van zijn vijand: Ramlah stond bekend onder de naam "Um Habibah". Zij was de dochter van de eerste man in Mekka (Abu-Sufyan). Hoewel Abu-Sufyan Mohammed niet geloofde, en hem 20 jaar lang bestreed, nam zijn dochter de islam aan.

Zij was een van de eerste moslims die naar Abessinië verhuisden, en woonde daar bijna 15 jaar.

Haar echtgenoot bekeerde zich tot het christendom, en stierf daar. Zij bleef alleen achter in Abessinië, dus

Mohammed deed Um Habibah een aanzoek : zij nam het aan huwde hem. Verrassend genoeg bekeerde haar vader zich een jaar later tot de islam.

Mohammed huwde Safiyya, een vrouw uit een joodse stam: Bani Al-Nadhir was één der joodse stammen die Mohammed verrieden en zich tegen hem kantten. Nadat Mohammed hun stad Khaybar belegerde, gaven zij zich over.

Saffiya, de dochter van hun leider, was onder hen die gevangen werden genomen. Mohammed liet haar gaan, en deed haar een huwelijksaanzoek. Saffiya nam dit aan, en zij trouwden.
Mohammed bewees daarmee dat hij niets had tegen de joodse gemeenschap, maar wel dat aanvallers van om het even welk volk of geloof moesten tegengehouden worden.

Bij verschillende gelegenheden, en zelfs nadat Mohammed was gestorven, beschreef Saffiya hem als een liefhebbend en eerlijk echtgenoot.

Mariya, de Kopt

In datzelfde jaar zond Mohammed een boodschapper naar de heerser van Egypte, een christen, en riep hem op om de boodschap van de islam aan te nemen.

De Egyptische heerser antwoordde met een beleefde verontschuldiging, en stuurde Mohammed enkele geschenken, samen met een dokter en een dienares of concubine, Mariya (Maria). Mohammed aanvaardde de geschenken van de Egyptische leider. Hij huwde Mariya, en later beviel zij van een zoontje, Ibrahim. Ibrahim stierf toen hij nog een kleine jongen was, hetgeen Mohammed veel verdriet deed[6].

Mohammed bracht Gods Gebod ter controle van polygamie over: De islam stond polygamie toe, maar beperkte en regelde die. In de islam is het niet verplicht meer dan één vrouw te huwen, maar het is wel toelaatbaar om gegronde redenen (bijvoorbeeld : als de echtgenote onvruchtbaar is, aan een chronische ziekte lijdt, gehandicapt of invalide raakt, of andere redenen).

God's Woord

Indien gij onrecht vreest, trouw dan ййn!

Een man mag een tweede vrouw huwen als hij bewijs levert van volledig respect, rechtvaardigheid en onpartijdigheid. Vers 3 van hoofdstuk 4 van de Heilige Koran vermeldt: "Huw die vrouwen, die goed en bij u passend lijken, twee, of drie, of vier ; en als gij vreest dat gij hen geen recht kunt doen, huw er slechts één."

Vòòr deze openbaring huwden mannen soms tientallen vrouwen, zonder beperking of voorwaarden.

Beperkingen op de profeet Mohammed: De profeet Mohammed was met meer dan 4 vrouwen getrouwd vòòr deze openbaring. Voor hen was het een grote eer om echtgenote te zijn van de "Boodschapper van God", naast het feit dat zij beschouwd werden als de "moeders" van de gelovigen. God openbaarde in de Heilige Koran dat zij Mohammeds wettige vrouwen waren. Toch konden geen andere vrouwen meer trouwen met de Profeet, zelfs indien hij scheidde van een van de anderen[7].

Beperkingen op de vrouwen van Mohammed:

Het was moslims niet toegestaan een van de echtgenotes van Mohammed te huwen na zijn overlijden, omdat zij als het ware hun moeders waren.

In de Heilige Koran worden de vrouwen van de Profeet beschreven als volledig verschillend van andere vrouwen (zij moeten door de moslims gezien worden als voorbeeldig en de moeders der gelovigen).

Indien één van de echtgenotes van de Profeet een duidelijke zonde bedreef, zou zij dubbel gestraft worden. Maar als een van hen God en Zijn Boodschapper volledig gehoorzaamde en goede werken deed, dan zou zij dubbel beloond worden.

Keuzevrijheid voor de vrouwen van Mohammed:

God verlangde van Mohammed (zoals getoond in verzen 28-29, hoofdstuk 33 van de Heilige Koran) dat hij zijn vrouwen twee keuzes gaf : ofwel van hem kunnen weggaan indien een van hen een werelds leven wenste, of met de profeet Mohammed getrouwd blijven, en hun levens geheel toewijden aan de islam.

Al zijn vrouwen kozen het tweede, en bleven getrouwd met de profeet Mohammed. Nadat Mohammed overleed, hertrouwde geen van hen.

VOETNOTEN

1) Verteld door Tirmithi. Volgens andere verhalen gaf Mohammed te kennen dat wie meerdere dochters had, en goed voor hen zorgde (tot zij zelfstandig waren), zeker in het Paradijs zou komen.

2) De Koran beklemtoont in vele verzen dat iemand goed moet zijn tegenover beide ouders (bvb. Vers 23 van hoofdstuk 17)

3) Sahih Abu Dawud. Zie ook : de Koran, hoofdstuk 2, vers 229

4) Wat polygamie betreft in ander godsdiensten, waren er voorheen ook geen beperkingen, ook niet in het hindoeïsme. Pas in 1954, toen de Hindoe Huwelijkswet werd goedgekeurd, werd het onwettig voor een hindoe om meer dan één vrouw te hebben. Tegenwoordig is het de Indische wet, en niet de godsdienstige die polygamie verbiedt.

5) De Bijbel, Koningen I, 11:3 (Koning James-vertaling)

6) Mohammed was dermate bedroefd door het verlies van zijn zoon, dat hij openlijk weende ten aanzien van zijn metgezellen. Vader zijnde, kon hij zijn tranen niet bedwingen. Mohammed zei toen dat hij allen zou zeggen wat God welgevallig was, en dat een gelovige het lot van God moest aanvaarden.

7) Zie ook de Koran, hoofdstuk 33, verzen 50-51-52, betreffende de vrouwen van de profeet Mohammed.

Hoofdstuk

7

Mensenrechten

"O mensheid ! Wij hebben u geschapen uit een man en een vrouw, en hebben u tot volkeren en stammen gemaakt, zodat gij elkaar zoudt kennen. Waarlijk, de meest geachte in de ogen van Allah, is wie uitblinkt in gedrag en vroomheid. Waarlijk, Allah is Alwetend, Albewust.".

De Koran, 49:13 (Al-Hujurát)

Vrijheid, rechtvaardigheid en bescherming

"Geen dwang" is een essentiële regel in de islam: Mohammed bracht het Woord van God over, de mensen uitnodigend om in één God te geloven, en zich aan Hem te onderwerpen. De volgende verzen in de Heilige Koran bevestigen de vrijheid van keuze voor alle mensen.

En indien uw Heer dit had gewild, dan zouden alle mensen op aarde tegelijk in Hem geloven. Zult gij (Mohammed) anderen dan dwingen of verplichten om gelovigen te worden ?

De Koran, 10: 99

Er is geen dwang in geloof, waarheid is onderscheiden van fout, en wie ook het kwade verwerpt en in God gelooft, heeft het betrouwbaarste en onbreekbare houvast. En God is de Alhorende en Alwetende.

De Koran, 2: 256

Moraliteit en gelijkheid van alle volkeren: Elk mens is gelijk in de ogen van God en de Wet, omdat elk mens tot de mensheid behoort. Vroomheid en een voorbeeldig karakter zijn in de ogen van God de enige criteria om een beter individu te zijn. Mohammed verwoordde het op deze manier:

"Uw God is Eén. Iedereen stamt af van Adam, en Adam werd uit stof geschapen. Een Arabier is niet superieur aan een niet-Arabier, en een niet-Arabier is dat evenmin aan een Arabier, behalve door vroomheid en goede daden" [1]. (Musnad Ahmad 10/5586, 23972)

Mohammed deed slavernij te niet:

Slavernij bestond nog vòòr Mohammeds tijd. Het was in feite deel van het maatschappelijk systeem, niet alleen in Arabië, maar over de hele wereld. Slaven vormden een deel van de bezittingen van velen.

Boetedoening voor over-treding van islamitische wetten vereiste het vrijlaten van slaven of het kopen van een slaaf van een ander, om deze dan vrij te laten. Vrijlating werd ook vereist voor een zonde zoals het misbruiken of onterecht straffen van slaven[2]. Dit bleef zo verder gaan tot de slavernij geleidelijk aan werd afgeschaft.

Mohammed moedigde gelovigen aan slaven te bevrijden omwille van God. Bij een bepaalde gelegenheid zag Mohammed hoe een zekere Abu Mas'ud Al-Badri een slaaf sloeg en afranselde. Mohammed sprak hem beslist toe:

"Jij zou moeten weten dat God krachtiger is en meer macht heeft over jou dan jij over deze slaaf." Abu Mas'ud kalmeerde, en zei verontschuldigend tegen Mohammed: "Ik zal hem dan, omwille van God, vrijlaten". Mohammed zei hem : "Als je dat niet deed, dan zou de Hel je gezicht aanraken." (Sahih Muslim, 5/91, 1659)

Broederlijkheid tussen gelovigen zonder onderscheid van volk: In zijn laatste preek verwoordde Mohammed het als volgt:

"O mensen, gelovigen zijn slechts broeders. Niemand mag het bezit van zijn broeder nemen, zonder diens volledige instemming. Heb ik de Boodschap overgebracht ? O Allah, mijn Heer, wees mijn getuige.

Keer nooit terug om elkaar neer te slaan. Waarlijk, ik heb datgene achtergelaten waardoor gij, indien ge het aanvaardt, nooit de weg zult verliezen : het Boek van God en mijn voorbeeld. Heb ik de Boodschap overgebracht ? O Allah, mijn Heer, wees mijn getuige." (Al-Hakim, 1/93, 317. Al-Bayhaqi, 6/96, 11640)

Alle mensen zijn gelijken ten aanzien van de wet: Mohammed beklemtoonde dat alle mensen de wet moesten eerbiedigen, terwijl overtreders bestraft moesten worden, tot welke klasse zij ook behoorden. Als de wet rechtvaardig wordt toegepast, genieten allen rechtvaardigheid en zekerheid.

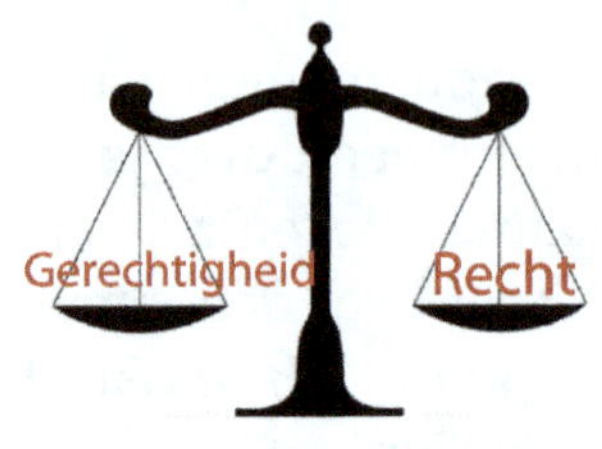

Diefstal en roof, bij voorbeeld, zijn een aanval op het bezit van anderen. Daders moeten bestraft worden, onafhankelijk van hun origine of sociale klasse. Mohammed toonde dat niemand boven de wet verheven is, zelfs de verwanten van Mohammed niet. Hij stelde duidelijk dat hij (bij voorbeeld) zijn geliefde dochter Fatima zou bestraffen als zij iets zou ontvreemden[3].

Rechtvaardig oordelen – het verhaal van To'mah en een joodse man: Op een keer stal een Arabier, een zekere To'mah Bin Ubayriq een metalen schild dat deel uitmaakte van een wapenuitrusting, en verborg het in het huis van zijn joodse vriend. De jood werd beschuldigd van de diefstal, maar ontkende en beschuldigde To'mah.

Aangezien de schuldige nog niet gekend was, kozen vele Arabische moslims de kant van To'mah, en probeerden Mohammed te beïnvloeden om de zaak ten nadele van de jood te keren, maar de islamitische rechtvaardigheid overwon. To'mah werd schuldig bevonden, en de jood werd onschuldig verklaard. In deze context werd een vers uit de Heilige Koran geopenbaard, waarin gesteld wordt:

(Al-Hakim, 4/385, 8256. Tirmithi, 5/128, 3036)

"Zeker, Wij hebben u dit Boek gezonden, dat de waarheid bevat, zodat gij kunt oordelen tussen de mensen volgens wat God u heeft getoond. Spreek dus niet ten gunste van wie het vertrouwen heeft verraden."

De Koran, 4:105

Rechten en verplichtingen van vrouwen: Mohammed verwoordde het aldus in zijn afscheidsrede:

"O mensen, het is waar dat jullie bepaalde rechten hebben ten aanzien van jullie vrouwen, maar ook zij hebben rechten ten aanzien van jullie.

Onthou dat jullie hen enkel tot vrouw konden nemen in het vertrouwen van God en met Zijn toestemming. Behandel jullie vrouwen goed en wees vriendelijk voor hen, want zij zijn jullie partners en toegewijde helpers."

(Sahih Al-Bukhari, 6/27, 5185. Muslim, 4/178, 1468)

Bescherming van de rechten van weeskinderen: Mohammed bracht ook de Geboden van God met betrekking tot wezen. De Heilige Koran legt vriendelijkheid voor wezen op, eerlijke behandeling en de bescherming van hun rechten.

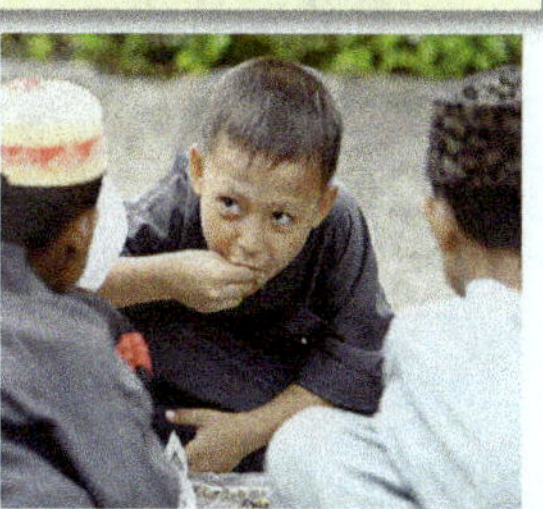

Zij, die het vermogen der weezen onoprecht verteren, brengen het vuur in hunne ingewanden, en zullen eens in heete vlammen braden.

De Koran, 10:4

Mohammed zei:

Ik en de persoon die voor een wees zorgt, zullen in het Paradijs als twee vingers aan de zelfde hand zijn"[4]. (Sahih Al-Bukhari, 7/53, 5304)

Zorgen voor wezen!

Bezorg de erfenis en legaten aan wie er recht op heeft:

Er werd eens aan Mohammed gevraagd het gebed te leiden bij iemands begrafenis, maar eerst vroeg hij aan zijn metgezellen : "Had deze man ergens geld geleend, of had hij kapitaal in zijn bezit dat aan anderen toebehoort ?" Zij bevestigden dit, dus Mohammed vroeg hen dit eerst over te dragen aan de rechthebbenden, en daarna zou hij voor de dode bidden. Vers 4 van hoofdstuk 58 in de Heilige Koran verklaart het volgende:

"Allah beveelt u om kredieten te voldoen aan wie er recht op heeft, en wanneer gij tussen mensen oordeelt, doe dat met rechtvaardigheid. Hoe uitmuntend is dat waartoe Allah u aanspoort : zeker, Allah is Alhorend, Alziend."

Zakelijke rechtvaardigheid en uitbuiting en monopolies afschaffen:

Mohammed riep op tot voortdurende herverdeling en doorstroming van de private welstand van een natie, en verbood de opeenhoping ervan bij een beperkte groep mensen.

Mohammed beklemtoonde ten eerste het verbod op (woeker) rente, ten tweede de verplichte erfenis en verdeling van het bezit van een overledene onder zijn naaste verwanten van beide geslachten en ten derde de beperkingen op testamenten (maximum één derde van het bezit kan aan personen of partijen geschonken worden die in feite geen recht hebben op de wettige nalatenschap).

Geen (woeker)rente in de islam

Mohammed zei : "God heeft u verboden woekerrente te vragen, bijgevolg zullen vanaf nu alle renteverplichtingen vernietigd worden. Uw kapitaal is het uwe om te behouden. Verdraag of breng geen ongelijkheid toe. Allah heeft geoordeeld dat intresten niet zullen gevraagd worden."

"Wie rente vraagt staat op dezelfde plaats als wie onder invloed van de duivel staat : zij doen dit omdat zij beweren dat rente vragen handel is. Echter, God staat handel toe, en verbiedt rente."

De Koran, 2:275

Het woord "Mohammed", in Arabische formele stijl ontworpen, en telkens herhaald. Met dank aan plastisch kunstenaar Farid Al-Ali

"Eremoord" en bloedvergieten zijn verboden: Mohammed schafte de bloedvete, bloedwraak en de vendetta af. In zijn afscheidsrede verklaarde hij:

"Elk recht dat voortkomt uit doodslag in de voor-islamitische tijd wordt vanaf nu vernietigd, en het eerste gelijkaardig recht dat ik opgeef is datgene dat voortkwam uit de moord op Rabiah ibn al Harith ibn al Mutallib" (een verwant van Mohammed):
(Tirmithi, 5/167, 3087. Ibn-Majeh, 4/243, 3055)

Moord met voorbedachte rade en onopzettelijke doodslag: Moord met voorbedachte rade wordt gelijkaardig bestraft : de moordenaar moet terechtgesteld worden. Als iemand echter een ander bij vergissing doodt en dood door ongeval veroorzaakt, dan moet hij schadevergoeding betalen aan de familie van de dode. Ten tijde van Mohammed werd deze schuld vastgesteld op honderd kamelen. Mohammed zei aan zijn volk dat wie meer dan dat vroeg, iemand was uit het Tijdperk van Onwetendheid.

Moorden is verboden!

Vechten in de islam: Mohammed leerde zijn volgelingen een assertieve oppositie tegen vijanden op te stellen, niet onderworpen of agressief. Hij werd zelf onvermijdelijk betrokken bij gevechten. Mohammed heeft regels en gedragscodes vastgesteld voor het omgaan met vijanden (in het slagveld) en gevangenen.

Hij leerde de moslims burgers niet te bevechten, of vrouwen, kinderen of bejaarden aan te vallen. Hij vroeg hen ook de omgeving niet te verwoesten of bomen te beschadigen.

Vermoord niet

burgers, kinderen en ouderen

Vernietig niet

Omgeving, bomen, planten en dieren

Mensenrechten

Hij herinnerde hen er altijd aan dat betrokkenheid in veldslagen moest gesteund zijn op het voor zichzelf opkomen, en omwille van God, die niet houdt van indringers. Vers 190 uit hoofdstuk 2 van de Koran bakent de grondregels af voor het gevecht tegen vijanden en aanvallers. Er wordt duidelijk gesteld:

> *"Bevecht, omwille van Allah, hen die u bevechten, en overschrijd daarbij niet de grenzen. Waarlijk, Allah houdt niet van wie overtreedt."*

Mohammed beschouwde zelfmoord als een zware zonde: Mohammed verwoordde het aldus : "Wie zichzelf doodt met een stuk metaal, zal weer gewekt worden op de Dag des Oordeels met datzelfde stuk metaal in de hand, en zal zichzelf onophoudelijk blijven doden in het Hellevuur, en wie zichzelf doodt met vergif, zal weer opstaan met datzelfde vergif, en het voor altijd en onophoudelijk inslikken

Pleeg geen zelfmoord

in het Hellevuur, en wie zichzelf doodt door zich van een hoge plek, zoals een berg, te gooien, zal voor altijd het zelfde doen in het Hellevuur."[5]

Heiligheid en onschendbaarheid van het menselijk leven

Aangezien God de schepper van het leven is, en de enige beheerser ervan, bezit Hij het leven van elk schepsel. Met betrekking tot de eerste moord in de geschiedenis, toen Kaïn, zoon van Adam, zijn broer Abel vermoordde, bepaalt God in de Koran :

> *"Daarom hebben Wij de Kinderen van Israël opgelegd dat voor al wie een mens die onschuldig is aan moord of andere vreselijke misdaden vermoordt, het zal zijn alsof hij alle mensen op aarde had vermoord, en voor wie een menselijk leven redt, het zal zijn alsof hij de hele mensheid had gered."*
>
> De Koran, 5:32

Mohammed veroordeelde geweld: Mohammed gebruikte nooit geweld als een middel om de Boodschap van God over te brengen, of om Zijn godsdienst op te leggen. Hoewel hij een islamitische staat vestigde in Medina, maakte hij nooit gebruik van de kleine moslimgemeenschap die in Mekka was gebleven om problemen te veroorzaken of zijn vijanden te doden. Hij vroeg in feite aan zijn volgelingen de maatschappelijke orde van de samenleving waarin zij leefden te eerbiedigen.

Mohammed leerde aan de gelovigen dat waar en wanneer zachtheid of vriendelijkheid in een aangelegenheid wordt gebruikt, dit waarde eraan toevoegt en goede resultaten zal opleveren. Hij leerde ook dat ruwheid en tactloos gedrag elke zaak zullen verpesten. (Verteld door moslim)

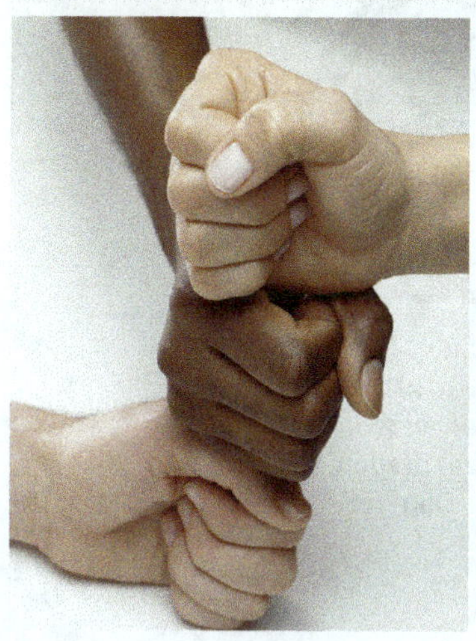

Islamitische kalligrafie geproduceerd door de Turkse kalligraaf Hassan Chelebi voor een vers in de Heilige Koran. God zegt: "wanneer gij tussen mensen die u richten met rechtvaardigheid." De Koran, 4:58

Islamitische kalligrafie geproduceerd door de Egyptische kalligraaf Isaam Abdul Fattah voor een vers in de koran. God zegt: "niemand zal dragen de fouten van een ander (op de Dag des Oordeels)." De Koran, 17:15

VOETNOTEN

1) Riyadh Al-Salihin (1604/5)
2) Riyadh Al-Salihin (1603/4), (1605/6)
3) Voor meer informatie over de islamitische wet en recht in de islam, zie ook : http:/www.islamreligion.com/category/110/
4) Sahih Al-Bukhari (34/8)
5) Sahih Al-Bukhari (5778) en Sahih Muslim (109)

Nelson Mandela eerste president van het democratische Zuid-Afrika. Hij vertegenwoordigt de strijd voor een democratisch en vrij Zuid-Afrika, waarin volkeren samenleven als één natie, verenigd in hun diversiteit.

Artistieke ontwerpen van het woord "Mohammed" in het Arabisch door Farid Al-Ali.

Hoofdstuk

8

Milieu

Mohammeds Leer ter Bescherming van het Milieu

Mohammed pleitte voor een groene wereld:

Mohammed deed een oproep tot een "groene" wereld, en verbond de bescherming van het milieu met het geloof in God. Aangezien de hele wereld het Koninkrijk van God is, mag geen mens schade berokkenen aan het milieu. Beschadiging van het milieu (grond, planten, dieren en lucht) en verspilling van kostbare grondstoffen zijn niet aanvaardbaar.

Wanneer een moslim iets zaait dat een zekere groei bereikt, waardoor mensen of dieren er van kunnen genieten of eten, dan is dat "Sadaqa", een liefdadige handeling die door God beloond wordt."

Mohammed ﷺ

(Bukhaari, 2320) and (Muslim,1188)

Grondstoffen bestaan in een perfect evenwicht:

Mohammed leerde aan zijn volgelingen dat alle grondstoffen door God werden geschapen, en door Hem in een volmaakt evenwicht uitgezet werden. God zegt in de Heilige Koran, die aan Mohammed werd geopenbaard:

> *"Voorwaar, alle dingen die Wij geschapen hebben, hebben hun juiste maat en verhouding."*
> *"En bij Hem heeft alles een eigen maat."*
> *"Het Werk van Allah, die voor alles een volmaakte orde voorzag."*
>
> De Koran, 51:49,13:8, 27:88

Mensen hebben gelijk recht op de grondstoffen: Grondstoffen zijn een geschenk van God aan de hele mensheid. Niemand mag deze voor zichzelf alléén opeisen. Er wordt verteld dat Mohammed stelde dat alle mensen een gelijk deel hadden in water, gras (of vegetatie) en vuur (of energie) behalve in datgene wat wettig privé-eigendom is.

"Allah weze Gezegend, de Grootste der Scheppers"

Fauna en flora zijn de schepping van God

"Niet beschadigen" is een algemene regel: Mohammed gaf een algemene regel mee ter bescherming van grondstoffen, van het milieu en de mens, toen hij tegen zijn metgezellen zei :

"Gij moogt niet beschadigen of beschadigd worden."

"Het geloof in God kan vertakken in 70 takken, waarvan de toppen getuigen van de Eénheid van God. De laatste tak is het wegnemen van schadelijke dingen op de weg van de mens."

Mohammed ﷺ

(Sahih Al-Bukhari, 1/11, 9)

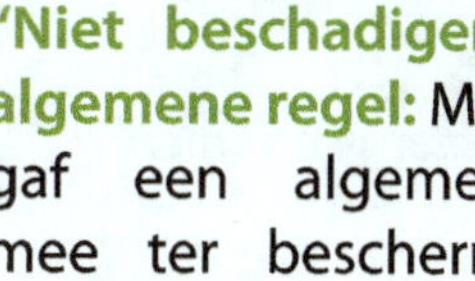

Dit is het woord "Mohammed" in formeel-kalligrafisch Arabische stijl. Het lijkt op het (groene) blad van een boom.

Milieu

Mohammed beklemtoonde het rantsoeneren van water en veroordeelde verspilling en overconsumptie:

Mohammed maakte het zeer duidelijk aan een metgezel (die de rituele zuivering voor het gebed deed), dat men geen water moest verspillen, zelfs niet vlak bij een stroom.

Bij andere gelegenheden zei Mohammed aan zijn gezellen stilstaand water niet te vervuilen of er in te urineren.

.

God zegt in de Heilige Koran:

> *"Wij hebben elk levend wezen uit water geschapen"*
>
> *"Waarlijk, de spilzuchtigen zijn de broeders van het Kwade, en de Satan is immer ondankbaar ten aanzien van zijn Heer."*
>
> *"Eet en drink met mate. Voorzeker, Hij houdt niet van gulzige mensen."*
>
> De Koran, 21:30, 17:27, 7:31

Het milieu waarderen: Mohammed moedigde mensen aan om steeds het milieu te waarderen, zelfs wanneer het hele universum in elkaar stort en het leven op deze planeet eindigt. Hij zei : "Als het Laatste Uur slaat en iemand heeft

een zaailing in zijn hand, en hij is nog in staat om die te planten, dan moet hij dat doen, en lààt het hem doen." Wie in God gelooft wordt verondersteld het milieu te waarderen en te beschermen. God houdt niet van wie kwaad doet (aan de Aarde) of gewassen en vee verwoest.

Milieu waarderen

> *"Maar zoek door wat Allah u gegeven heeft, het Hiernamaals, vergeet uw deel aan de wereld niet, en doe overal het goede, zoals Allah aan u gedaan heeft ; en schep geen wanorde op aarde, want Allah houdt niet van wie onheil veroorzaakt."*
>
> De Koran, 28:77

Dierenwelzijn

Mohammed riep op tot een waardige behandeling van dieren: Hij was tégen het vasthouden of insluiten van dieren zonder grondige reden. Daarnaast hield hij niet van het afranselen of in het gezicht slaan van dieren. Hij maakte gebruik van verschillende leermethodes om de goede behandeling van dieren te beklemtonen (bijvoorbeeld een rechtstreekse instructie, een indirecte manier door het vertellen van verhalen en een praktische methode door daadwerkelijk te handelen in reële gevallen).

Dieren en alle andere schepselen maken deel uit van gemeenschappen zoals de onze:

> *"Er is geen dier of ander levend schepsel op de aarde, of enig wezen dat vleugels heeft, dat geen gemeenschap zoals de uwe vormt. Er is niets in het Boek dat Wij verwaarloosd hebben, en al deze schepselen zullen aan het einde bij hun Heer verzameld worden."*
>
> De Koran, 6: 38

"Halal" betekent meer dan alleen "rein voedsel": Mohammed leerde aan zijn volgelingen dat zij het recht niet hebben enig dier te doden, tenzij God dat toestaat. Alleen met Gods toestemming, (aan Wie alle schepselen toebehoren), kunnen bepaalde soorten dieren geslacht worden om door de mens gegeten te worden. Alleen herbivoren (met uitzondering van het varken) mogen voor consumptie geslacht worden (zoals runderen, schapen, kippen en vogels die géén vlees eten).

Mohammed leerde zijn volgelingen dat het wettige ("halal") doden van dieren op de minst pijnlijke manier moest gebeuren: Om een voorbeeld te geven : een dier mag niet geslacht worden met een bot mes (het moet zo scherp mogelijk zijn). Een dier mag niet neergeslagen worden met een steen, of geslacht worden in bijzijn van een ander dier. Mohammed vroeg ooit aan iemand die een dier slachtte in bijzijn van een ander : **"Wil jij het andere beest twee keer doen sterven ?"** (Al-Hakim, 4/231, 7658)

Behandel dieren goed!

Bij een bepaalde gelegenheid wou Mohammed iemand iets duidelijk maken in verband met de juiste behandeling van dieren. Hij vertelde die persoon dat diens kameel "klaagde" dat hij zwaarder geladen was dan hij kon verdragen.
(Abu-Dawoud, 2/328, 2549)

Op een andere keer zei Mohammed tot zijn metgezellen: "Degene die deze kuikens heeft gevangen, moet hen eigenlijk naar hun moeder terug brengen (die zelf rond liep als een kip zonder kop)." (Abu-Dawoud, 3/8, 2675, 4/539, 5268)

Je zult beloond worden als je dieren goed behandelt: Een vriendelijke daad, zelfs tegenover een dier, verdient het om door God beloond te worden. Mohammed vertelde ooit het verhaal van een dorstige man die een waterbron vond, en neerknielde om er van te drinken. (Sahih Al-Bukhari, 3/132, 2466. Muslim, 7/44, 2244)

Toen hij opstond, vond hij een van dorst hijgende hond, dus keerde hij weer naar de bron om zijn schoen met water te vullen, en die naar de hond te brengen. God was deze man dankbaar, en vergaf hem al zijn vorige zonden. (Sahih Al-Bukhari, 3071)

Hoofdstuk

9

Het Mirakel

"Zeg, o mensen, dat ik voor u allen de boodschapper van Allah ben. Aan Hem behoort de heerschappij over hemel en aarde. Er is geen god dan Allah. Hij beheerst leven en dood. Geloof dus in Allah en Zijn boodschapper, de ongeletterde profeet, die in Allah en Zijn Woord gelooft ; volgt hem, zodat gij geleid wordt."

De Koran, 7 :158

Het Mirakel van God aan Mohammed

Vele geleerden geloven dat Mohammeds zending – het brengen van Gods Woord en mensen tot het geloof te leiden – zwaarder was dan die van vele boodschappers en profeten. Het grootste wonder was de overdracht van de Koran, die in oorspronkelijk Arabisch werd gereciteerd als de goddelijke openbaring van Allah.

Ondanks de tegenstand die hij ondervond van zijn eigen volk (dat Arabisch sprak), gaf hij de islam door tot buiten Arabië, en nodigde volkeren en gemeenschappen, culturen en godsdiensten uit tot het aanvaarden van de islam.

> *""Denken zij dan niet na over de Koran ? Indien deze van een ander dan Allah kwam, dan hadden zij daar zeker menige tegenstrijdigheid gevonden.".*
>
> De Koran, 4:82

Waarom wordt de Heilige Koran als een eeuwigdurend wonder beschouwd?

In tegenstelling tot tastbare mirakels die verricht werden door ware profeten en boodschappers, en slechts gezien werden door mensen van hun eigen tijd, wordt de Heilige Koran door moslims beschouwd als een eeuwigdurend wonder dat aangeraakt, gezien, gelezen en aan volgende generaties doorgegeven kan worden.

محمد

Moslims beschouwen de Heilige Koran als het Woord van God, en Zijn eeuwige Boodschap aan de hele mensheid. Zij geloven dat dit het enige boek is dat Zijn Woorden bevat, zonder anders verwoord te worden door Zijn Boodschapper of een ander. In hoofdstuk 17, vers 88:

"Zeg, o Mohammed : 'Zelfs indien de hele mensheid en alle djins samen zouden komen om de evenknie van deze Koran voort te brengen, dan nog zouden zij er niet in slagen, zelfs indien allen daarin samenwerkten en elkaar steunden'."

De Koran 88:17

Wonderbaarlijk behoud van de Korantekst: De huidige Heilige Koran is identiek aan degene die meer dan veertien eeuwen geleden aan de profeet Mohammed werd geopenbaard. Aanvankelijk werd hij door de vroomste moslims uit het hoofd geleerd – woord voor woord, letter voor letter.

Kort na het overlijden van Mohammed werd de volledige Koran voor het eerst in één boek samengebracht, toen Abu Bakr As-Siddiq de eerste islamitische kalief werd. Verscheidene originele kopijen werden gemaakt en verspreid over verscheidene islamitische staten of regio's, toen Othman Bin Affan de dertiende kalief werd (13 jaar na het overlijden van de profeet Mohammed)

Dit is een deel van een Koranvers. God zegt aan Zijn volk : "Roep Mij, en Ik zal antwoorden". Hoofdstuk 40, vers 60 (De vergever)

Het concept "Tawaator" – het telkens weerkeren – bevestigt de absolute authenticiteit van de Koran, omdat het bevestigt dat de zelfde tekst door verschillende groepen mensen verteld werd, en doorgegeven werd van de ene generatie naar de andere, zonder tegenstrijdigheden, discrepanties of onderbrekingen.

Het kenmerkende van de Koran: Het dient opgemerkt te worden dat de uitspraken en lessen van Mohammed niet vermengd werden met de Heilige Koran (die alleen het Woord van God bevat, zonder enig menselijk commentaar of uitweiding). Uitspraken en onderricht van Mohammed werden verzameld in boeken, die men "De Weg" of "De Traditie" van de Profeet noemt. Deze bevatten zijn lessen, zijn manier van leven en verklaring van Het Boek (de Koran).

Vergelijking tussen "Hadith"-geschriften en andere heilige boeken: De meeste Heilige Boeken van verschillende godsdiensten werden geschreven en opgetekend door mensen in huneigen woorden en verwoordingen. Aangezien de Hadith-boeken verzameld werden door islamitische geleerden, en Mohammeds eigen uitspraken en lessen bevatten, beschouwen vele onderzoekers hen als de

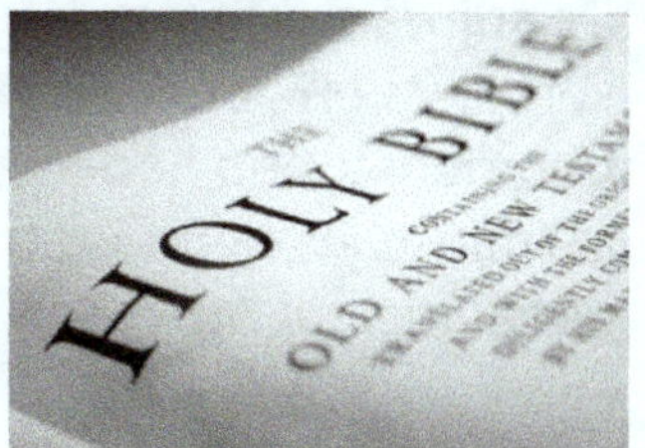

Heilige Boeken van andere godsdiensten. De Bijbel, bij voorbeeld, werd door 40 verschillende auteurs geschreven over een periode van 1400 tot 1800 jaar. Het is een verzameling van 66 afzonderlijke boeken, in twee grote delen ingedeeld : het Oude Testament (dat 39 boeken bevat), en het Nieuwe Testament (27 boeken)[1].

Mohammed stelde duidelijk dat hetgeen hij reciteerde als "Koran", het Woord van God was, en niet het zijne. Het taalgebruik van de Koran wijst er op dat het God is die tot de mens spreekt. Het voornaamwoord "Wij" wordt vaak gebruikt, net als het woord "zeg (aan)" (d.w.z. : "Zeg aan hen, o Mohammed,…"), of : "deel hen mee dat…"

Wonderbaarlijk behoud van de recitatieve stijl van de Koran: Wanneer de Heilige Koran voorgelezen of voorgedragen wordt, wordt gewoonlijk de term "Tajweed" gebruikt of benadrukt om een beschrijving te geven van de regels betreffende de juiste lezing of voordracht van de Heilige Koran.

Moslims geloven dat niet alleen de Korantekst op wonderbaarlijke manier werd bewaard, maar ook de manier waarop Mohammed en zijn metgezellen deze reciteerden.

De stijl van reciteren is vastgelegd onder de naam van de vertellers en voorlezers die deze van Mohammed hoorden, tot op heden. (Dus doorheen de hele islamitische wereld, en van generatie op generatie, tot op heden.)

Men gelooft dat "Tajweed" een unieke wetenschap is, die men niet heeft in andere godsdiensten. Die weerspiegelt de hoogste vorm van aandacht van de metgezellen van Mohammed, zodat de manier waarop hij de Heilige Koran (het Woord) reciteerde, zou bewaard blijven.

Wonderbaarlijke taal van de Koran: De heilige Koran werd in klassiek Arabisch geopenbaard. Islamitische geleerden zijn er van overtuigd dat de Arabische taal superieur is aan vele andere talen, door het groot aantal woorden en de uitgebreide Arabische grammatica.

Dit zou er op wijzen dat de Arabische taal exacter kan zijn dan andere talen om het Woord van God te beschrijven. Bij voorbeeld : het Arabisch heeft 28 letters, waarvan sommige niet bestaan in andere talen, zoals "dhad", een "zware" –d, en "tau", een "zware" –t

Het aantal afleidingen van elk basiswoord (of wortel) kan boven de 100 gaan; bijgevolg kan het totaal aantal woorden in het Arabisch meer dan zes miljoen bedragen. Dat is veel meer dan het aantal woorden in de meeste bekende talen in de wereld.

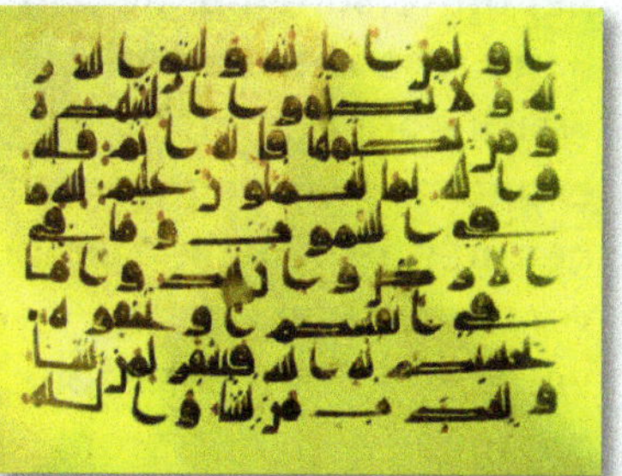

Wonderbaarlijke wetenschappelijke feiten in de Koran

De "oerknal" en de schepping van het universum:

In Mohammeds tijd wist niemand iets over de schepping van het universum, de beweging der planeten en of de aarde plat of rond was. Moslims geloven dat alleen God, Schepper van het universum, weet hoé het geschapen werd.

De Heilige Koran vermeldde 14 eeuwen geleden (op wonderbaarlijke wijze) de schepping van het universum, de beweging van zon en maan, de rotatie van de aarde en het veroorzaken van dag en nacht.

De moderne wetenschap verklaart het ontstaan van het universum met de "Big Bang"-theorie, die ondersteund wordt door empirische en experimentele gegevens, die gedurende tientallen jaren verzameld werden.
Volgens de "oerknaltheorie" was het universum oorspronkelijk een massa die ontplofte,

wat resulteerde de vorming van sterrenstelsels en samengetrokken wolken van "hemels" materiaal in een rook- of gasvorm.

In 1925 leverde de Amerikaanse astronoom Edwin Hubble het bewijs (door observatie) dat de sterren van elkaar weg bewegen, wat inhoudt dat de sterrenstelsels en het universum uitdijen. Het is eveneens een vaststaand wetenschappelijk feit dat de planeten in elliptische banen bewegen en om hun eigen as draaien.

Men zal verwonderd zijn over de gelijkenissen tussen de moderne wetenschappelijke bevindingen en de volgende verzen uit de Heilige Koran, die meer dan 14 eeuwen geleden door Mohammed werden gereciteerd, en nog steeds bewaard zijn.

"Wilden de ongelovigen dan niet aannemen dat hemel en aarde één geheel vormden, en dat Wij de twee scheidden, en dat Wij al het leven uit water schiepen ? Zullen zij dit dan niet geloven ?" - De Koran, 21:30

"De Almachtige wendde Zich tot de hemel toen deze vol met rook was, en sprak tot hemel en aarde : Komt samen, goedschiks of kwaadschiks. En zij zeiden : wij zullen in gewillige gehoorzaamheid samenkomen."

De Koran, 41:11

"En Hij is het die nacht en dag schiep, en de zon en de maan. Alle hemellichamen drijven, elk in zijn geronde baan." De Koran 21:33

"Met kracht en vaardigheid schiepen Wij de hemel, en voortdurend vergroten Wij die."

De Koran, 51:47

Embryologie en de schepping van de mens: Mohammed herhaalde het volgende wonderbaarlijke vers, waarin de schepping van de mens wordt uitgelegd. Dergelijke kennis bestond niet in zijn tijd, en de embryologie bestond 1400 jaar geleden nog niet.

> *"...Hij schiep u in de schoot (= baarmoeder) van uw moeder, schepping na schepping, in een drievoudige sluier van duisternis. Dit is Allah, uw Heer. De Heerschappij behoort Hem toe. Er is geen god dan Hij. Waarom hebt ge u dan afgewend?".*
>
> De Koran, 39:6

De moderne wetenschap zegt dat er drie lagen bestaan (drie "donkere sluiers") die de foetus in de baarmoeder omgeven, en een stevige en krachtige bescherming aan het embryo bieden : ten (1) de binnenwand van de onderbuik van de moeder, ten (2) de baarmoederwand zelf en ten (3) het membraan rond het vruchtwater.

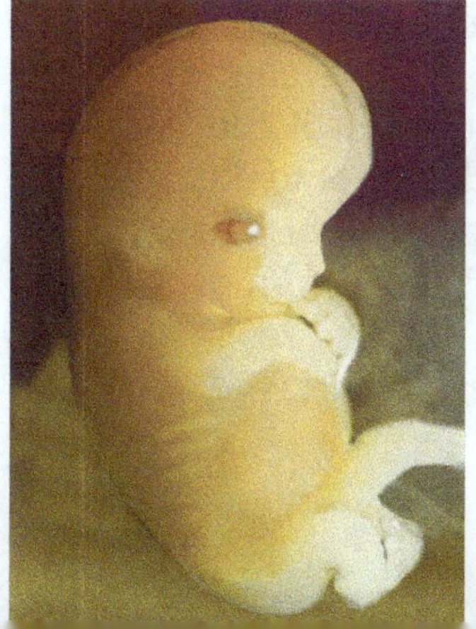

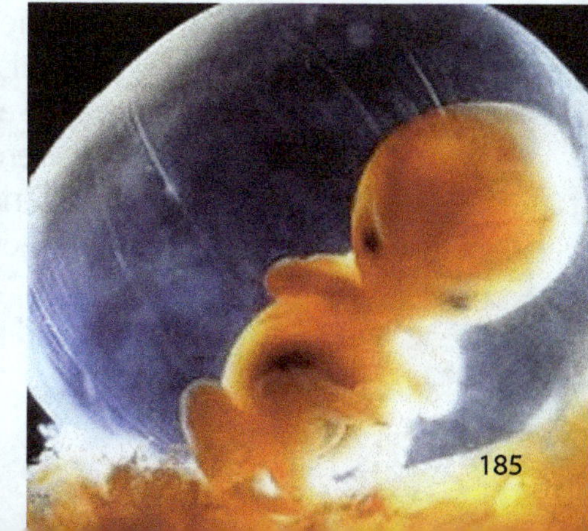

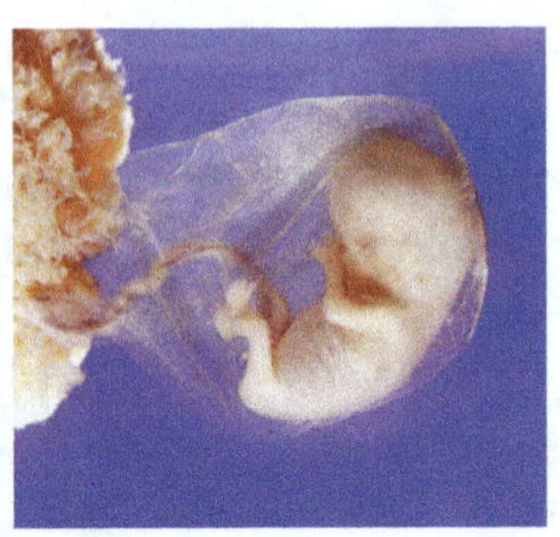

De schepping van de mensheid wordt wonderbaarlijk beschreven in volgend vers uit de Koran:

Bloed Klont

Foetus

Botten

Vlees

> *"Waarlijk, Wij schiepen de mens uit klei (de essentie van vochtige aarde), en toen zetten Wij hem als een druppel (zaad / sperma) in een veilige plek. Toen maakten Wij het zaad tot een vaste klonter bloed, uit deze klonter maakten Wij een foetus, waarin Wij beenderen maakten die Wij met vlees bedekten, en brachten aldus een andere schepping voort."*
>
> De Koran, 23:12-14

Verbazend genoeg stelde men vast dat de embryonale ontwikkeling zoals beschreven in de Koran identiek was aan wat de medische wetenschap ontdekte. Er werd ook ontdekt dat beenderen vòòr het spierweefsel gevormd worden, precies zoals vermeld in bovenstaand vers[2].

Daarnaast ontdekten wetenschappers dat de hoorzin bij het embryo in de moederschoot vòòr het zicht ontwikkelt. Dit stemt overeen met de opeenvolging die vermeld wordt in de Koran. Verzen 9:32, 2:76 en 78:23 verwijzen allen naar de hoorzin vòòr het zicht.

> *"Aldus weze Allah gezegend, de Beste aller Scheppers"*
>
> De Koran, 23:14

309 **Wonderbaarlijke jaartelling:** Vers 25 uit hoofdstuk 18 ("De Grot") van de Heilige Koran heeft het over de "zeven slapers" en de driehonderd jaar die zij in de grot doorbrachten, en daarna nog eens negen jaar. In Mohammeds tijd wist niemand waarom het vers niet meteen sprak over "309" jaar, in plaats van de gekende verwoording te gebruiken.

Tevens kende niemand in Arabië het verschil tussen een maanjaar en een zonnejaar (of Gregoriaanse kalender). Het maanjaar is 11 dagen korter dan het zonnejaar. Verbazend is, dat het verschil tussen een maan- en zonnejaar over een periode van driehonderd jaar, negen jaar bedraagt.

De Koran bevat bij benadering 80 000 woorden, en is samengesteld uit 114 hoofdstukken die ongeveer 600 bladzijden beslaan. Het is een vaststaand feit dat de Koran over een periode van 23 jaar werd geopenbaard vooraleer in één boek vastgelegd te worden.

Wonderbaarlijke informatie over toekomstige gebeurtenissen: Verzen 1 tot 5, hoofdstuk 30 in de Koran:

"De Romeinen werden verslagen in het laagste land maar zullen na enige jaren weer zegevieren. Het Gebod van Allah komt daar voor, en daarna, en op die dag zullen de gelovigen zich verheugen en blij zijn met Gods overwinning. Hij helpt hen overwinnen, die Hij verkiest. Hij is Almachtig, de Genadige.".

In de tijd van Mohammed was het zo goed als onmogelijk voor de Arabieren om te voorzien hoe het conflict tussen twee (toenmalige) grootmachten zou binnen de eerste tien jaar, en of een verslagen rijk opnieuw de zege kon behalen binnen enkele jaren. Het is een historisch feit dat het Perzische Rijk de Byzantijnen versloeg rond het jaar 614, dicht bij het Dode-Zeegebied. Enkele jaren later echter heroverde Byzantium de zege, en versloeg de Perzen.

Wonderbaarlijke aardrijkskunde:

Verrassend genoeg wees recent geologisch onderzoek uit dat de Dode Zee, die in de trog van de Jordaanvallei ligt, het diepst gelegen zoutmeer ter wereld is, op 422 meter onder de zeespiegel. De kusten ervan vormen zowat het laagste punt ter wereld. De Koranverzen stellen duidelijk dat de Romeinen op het laagste land (deel van de Dode-Zeezone) werden verslagen.

voetnoot: *De oorspronkelijke Arabische woord "adna" (vers 3 hierboven) geeft beide betekenissen, dichtstbijzijnde en laagst aan.*

VOETNOTEN

1) Het Oude Testament werd in het Hebreeuws geschreven tussen 1500 en 400 vC. Het Nieuwe Testament was opgesteld in koinè-Grieks en in de tweede helft van de eerste eeuw opgesteld. Er wordt algemeen aangenomen dat het Boek Mattheüs het eerste evangelie was dat geschreven werd, tussen 50 en 75. Dat van Johannes werd het laatst geschreven, rond het jaar 85.

2) Voor meer informatie over embryologie :
www.quranandscience.com en www.islamreligion.com

De foto hieronder is voor de grot, die wordt verondersteld te zijn voor de mensen van de grot (algemeen bekend als de zeven slapers). Het werd ontdekt in een gebied genaamd Abu Alanda, ten oosten van Jordanië. De Jordaanse autoriteiten bouwde een moskee in de buurt van de grot website. De deur in het beeld werd geïnstalleerd aan de ingang van de grot.

Hoofdstuk

10

Zijn uitspraken

Mohammed zei (terwijl hij zijn vingers kruisde):

"Gelovigen zijn een structuur zoals, ze elkaar versterken"

Verteld door al-Bukhaari (481) and Muslim (2585)

Mohammed tekende 3 lijnen in het zand, en zei : "Dit is de mens (die veel hoopt en plannen maakt in dit aardse leven). Terwijl hij leeft om deze doelen te bereiken of verwezenlijken, overvalt de dood hem."

Verteld door al-Bukhaari (6417) and Muslim (1671)

Hoofdstuk 10

Zijn uitspraken

Mohammed's uitspraken en leringen zijn zeer invloedrijk, omdat ze de meeste aspecten van het leven behandelen: spiritualiteit, moraal, huwelijk en familieleven, handel en meer. Deze uitspraken van Mohammed vloeien voort uit een basis van wijsheid en goddelijke openbaring.

Mohammed's uitspraken, acties en attributen staan bekend als Sunnah (gewoonte) en zijn vervloekt in verzamelingen van gezegden, of Hadith. De sunnah vertegenwoordigt de tweede bron van islamitische wetgeving na de Quran.

> ***Uw metgezel (Mohammed) is noch afgedwaald noch afgeweken, Noch spreekt hij naar eigen begeerte.***
>
> De Koran, 53:2-3

" Maak nuttig gebruik van de vijf vòòr de vijf :
Jeugd voor ouderdom
Gezondheid voor ziekte
Welstand voor armoe
Vrije tijd voor werk
Leven voor de dood".
(Al-Hakim in Al-Mustadriq No. 7846 (4/341))

" De beste gelovigen zijn diegenen met de beste manieren".
(Verteld door Tirmithi)

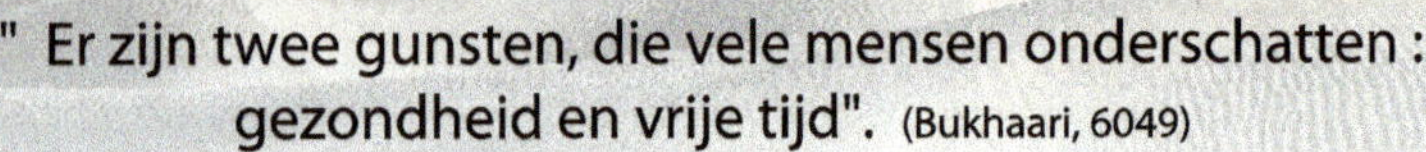

" Er zijn twee gunsten, die vele mensen onderschatten : gezondheid en vrije tijd". (Bukhaari, 6049)

" Afgunst is verboden, behalve in twee gevallen (waarbij men iemand iets benijdt zonder hem of haar kwaad te wensen) : ten eerste afgunst op iemand aan wie God rijkdom gaf en die deze rechtschapen uitgeeft en ten tweede afgunst op iemand aan wie God wijsheid gaf en deze aan anderen onderwijst".

(Bukhari, 73/15)

" Maak de zaken (betreffende godsdienst) gemakkelijk voor anderen, en niet moeilijk : breng hen goed nieuws, en jaag gen niet weg."

(Bukhari, 69/11)

" Zij die eerlijk handelen en verhandelen onder heldere voorwaarden zijn, samen met hun handel, gezegend door God. Daarentegen zegent God niet wie liegt en feiten verbergt". (Bukhari, 2082/22)

" Gij gelooft niet werkelijk in God als gij voor uw broeders niet verlangt wat ge ook voor uzelf verlangt".

(Bukhari, 13/7)

" Elke moslim moet Sadaqa (liefdadigheidstaks) betalen ; indien hij niets heeft om te geven, laat hij dan werken tot eigen voordeel en om Sadaqa te kunnen betalen. Als hij geen werk vindt, laat hij dan anderen helpen (dat is ook liefdadig). Als hij niemand vindt die hij kan helpen, laat hij dan goede daden verrichten, en zich weerhouden van slechte daden. Dat is eveneens liefdadig". (Bukhari, 1445/30)

" Wanneer iemand sterft, wordt hij niet beloond, behalve voor drie dingen : als hij een liefdadigheid nalaat waar mensen steeds van kunnen genieten, als hij kennis of wetenschap nalaat waar de mensheid van geniet of als hij een getrouwe zoon nalaat, die steeds zal bidden en de zegen en vergiffenis van God voor zijn ouders vraagt".

(Geldt voor mannen én vrouwen!)

(Verteld door: Muslim, Tirmithi, Nassa'i)

Vrees Allah waar je ook bent en laat een goede daad een slechte daad opvolgen, zodat deze haar (de slechte daad) uitwist en ga met de mensen om op een goede wijze.".

(Tirmithi - 1987 & Ahmad 5/153)

" Goedheid is goed gedrag en zonde is datgene wat onrust in je hart veroorzaakt en waarvan jij niet houdt dat anderen ervan op de hoogte komen". (Muslim, 15/2553)

" De sterke man is niet degene die goed is in worstelen, maar degene die controle heeft over zichzelf tijdens een aanval van woede.".

(Bukhaari, 5785) and (Muslim, 4853)

" Kijk uit voor jaloezie, want jaloezie verteert iemands goede daden, zoals vuur hout verteert.

(Bukhari, 6018 & Muslim 74-47)

(Alle bovenstaande uitspraken zijn van toepassing op zowel mannen als vrouwen!)

Wonderbaarlijke uitspraken van Mohammed met betrekking tot Voedsel en Medicijnen

Voorkomen is beter dan genezen

Hoewel Mohammed geen dokter was, werden zijn uitspraken in verband met voedsel, gezonde eetgewoonten, kruidenbehandeling en alternatieve geneeswijzen verzameld in boeken die later bekend werden als "De Profetische Geneeskunde".

Mohammed wees er bij verschillende gelegenheden op dat de buik de "slechtste pot is om te vullen". Kleine maaltijden en enkele happen die de honger stillen zijn beter dan een volle maag. Dit vermijdt behoorlijk wat gezondheidsproblemen.

Buik, slechtse pot wat je kunt vullen

Hij moedigde zijn metgezellen aan om matig te eten en te drinken, zwaarlijvigheid te vermijden en een actieve, gezonde levensstijl te handhaven. Hij reciteerde Gods Woorden in dit verband. Quran Vers 31 uit hoofdstuk 7:

> *"O kinderen van Adam ! Draag goede kledij, altijd en op de plaatsen van gebed ; eet en drink, maar overdrijf daarin niet. God houdt niet van verspillers"*

Mohammed schrijft gerst voor: Heden ten dage is er veel onderzoek dat de ongelooflijke gezondheidsvoordelen van de gerst aantoont. De gerst is een volledig voedingssupplement.

Het bevat een heel spectrum aan enzymen, mineralen, fytochemicaliën en de acht essentiêle aminozuren, waaronder Tryptophan, dat helpt tegen neerslachtigheid.

Gerst tegen depressie

Mohammed ried gerstsoep ("talbinah") aan voor maagklachten, en gaf in zijn uitspraken ondubbelzinnig aan dat die hielp tegen zorgen en depressie.

Zijn vrouw Aisha beval talbinah-soep aan voor de verwanten van een overledene, om het verdriet te helpen verlichten.

(Bukhaari, 5365) and (Muslim, 2316)

Uit medisch onderzoek blijkt dat depressie veroorzaakt wordt door de vermindering van bepaalde chemische stoffen of neurotransmitters in de hersenen, die verantwoordelijk zijn voor gemoedsgesteldheid.

Antidepressiva stimuleren chemische veranderingen die deze neurotransmitters doen stijgen.

De drie voornaamste neurotransmitters die in verband gebracht worden met humeur zijn serotonine, norepinephrine en dopamine. Men stelde vast dat gerst serotonine positief beïnvloedt zodat depressie verlicht wordt. Het voorschrijven van gerst door Mohammed, 1400 jaar geleden, was duidelijk een wonderlijke geneeswijze.

Tarwe of gerst?

Het is zeer veelzeggend dat Mohammed zich niet gaf aan regelmatige tarweconsumptie, maar in plaats daarvan meestal gerst en gerstebrood at.

Men heeft ontdekt dat volle gerst de gezondheid stimuleert. Het kan de bloedsuikerspiegel regelen, kleine bloedklonters voorkomen en de productie van cholesterol in het lichaam verlagen.

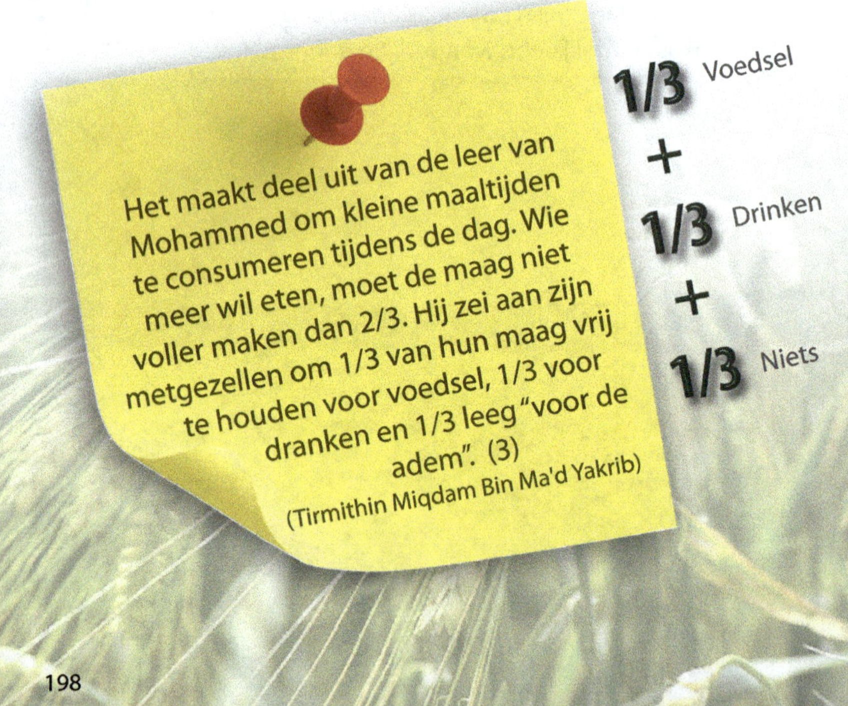

Het maakt deel uit van de leer van Mohammed om kleine maaltijden te consumeren tijdens de dag. Wie meer wil eten, moet de maag niet voller maken dan 2/3. Hij zei aan zijn metgezellen om 1/3 van hun maag vrij te houden voor voedsel, 1/3 voor dranken en 1/3 leeg "voor de adem". (3)
(Tirmithin Miqdam Bin Ma'd Yakrib)

Zamzam mineraal water: "Zamzam" is de naam van mineraalwater uit een bron die op 20 meter ten oosten van de Kaaba in Mekka ontspringt. Moslims geloven dat deze bron op wonderbaarlijke wijze ontsprong, duizenden jaren geleden, toen Abrahams zoon Ismaël dorst leed, en wenend op de grond stampte, tot het water naar boven kwam.

Het water is licht alkalisch (pH 7.5) en heeft een herkenbare smaak. (Merk wel dat het drinken van gedemineraliseerd water, zoals gedistilleerd water, een zure pH in de maag en ingewanden veroorzaakt. Het verergert eveneens zuurreflux)

Mohammed zei dat Zamzamwater een door God gezegend water is, een overvloedig maal en een groot geneesmiddel.
Bazzar and Tabaran

Mineraalwater wordt omschreven door de FDA van de Verenigde Staten als water dat ten minste 250 delen mineralen per miljoen (opgeloste vaste stoffen) bevat.

Chemische analyse van het Zamzamwater toonde aan dat het meer dan 1000 delen per miljoen aan opgeloste stoffen bevat. Het voldoet aan de vereisten van de Wereldgezondheidsorganisatie (WGO of WHO) voor drinkbaar water.

Het vormt eigenlijk een volledig maal, dat een heel gamma aan mineralen bevat die het lichaam nodig heeft, waaronder calcium (nodig voor sterke beenderen en een goed functioneren van hart, spieren en zenuwen), fluoride (nodig voor de tanden) en bicarbonaten (die het voedsel helpen verteren)..

Zamzamwater is één van de calciumrijkste drinkwaters. Het bevat 195 tot 200 mg/l calcium (20% van de dagelijks aanbevolen hoeveelheid voor volwassenen).

Dat is meer dan bekende mineraalwaters zoals "Evian" (78-80 mg/l) en "Perrier" (147-150 mg/l)

Mineraalwater heeft een groot aantal therapeutische functies die spier- en gewrichtsontstekingen, reuma en artritis verlichten en behandelen.

Dit is het woord "Rasul Allah" (Boodschapper van God, in formele Arabische stijl, en op een waterdruppel lijkt. Dank aan Farid Al-Ali.

Truffels als medicijn:

Mohammed zei : "Truffels zijn een soort "manna" (zoals uit de hemel gezonden aan de kinderen van Israël), en hun vocht is een oogmedicijn".
(Bukhaari, 5708) and (Muslim, 5244)

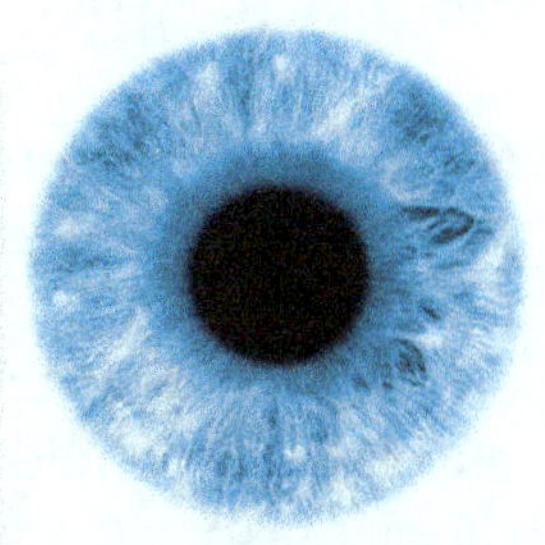

De truffel is een vlezige, paddenstoelachtige zwam, die tot de familie van de Agaricaceae behoort. Hij groeit in groepjes onder het bodemoppervlak (2 tot 50 cm diep) in vochtige woestijngrond, zonder blad of wortel. Hij heeft een kenmerkende geur, en kan wit, grijs of bruin zijn.

Volgens analyses ervan bevat de truffel 77% water, en de rest is een mengsel van proteïnen, vetstof, koolhydraten en andere elementen.

Moderne wetenschappelijke bevindingen hebben echter aangetoond dat het truffelvocht een doeltreffend genezend effect kan hebben op oogaandoeningen zoals trachoma, een oog-infectie die schade berokkent aan de hoornvliescellen.

Mohammed en olijfolie:

Mohammed beschreef olijfolie als een product van een gezegende boom. Hij ried zijn gezellen aan om olijfolie te consumeren en op hun huid te smeren. (Tirmithi, 1851)

Alle moderne wetenschappelijke ontdekkingen bevestigen dat olijfolie veel voordelen voor de gezondheid heeft. De meeste vetzuren die olijfolie vormen, komen uit mono-onverzadigd vet ("goed vet"), dat beschermt tegen hartziekten door het in bedwang houden van "slechte" cholesterol en het stimuleren van "goede" cholesterol.

Olijfolie wordt zeer goed door de maag verdragen. De beschermende functie ervan heeft een heilzaam effect op de behandeling van maagzweren en gastritis.

"Extra Vergine" olijfolie, uit de eerste persing van de lijven, bevat hogere concentraties antioxidanten, vooral vitamine E en fenolen, omdat ze minder bewerkt is.

Tegenwoordig wordt olijfolie beschouwd als een goede remedie tegen huidproblemen en als een doeltreffend vochtinbrenger.

Aan mensen met aanleg voor diabetes wordt aangeraden om een vet-arm en koolhydraatrijk dieet te combineren met olijfolie. Studies tonen aan dat dit een uitstekende combinatie is voor het regelen van de bloedsuikerspiegel in vergelijking met diëten die uitsluitend uit vet-arme maaltijden bestaan.

De Profeet Mohammed zei::

"eet olijfolie en smeer er uw lichaam mee in""

(Verteld door Tirmithi)

Hoofdstuk

11

Epiloog

De moskee van de profeet Mohammed (Al-Masjid Al-Nabawi) in Medina (S.-A.)

NB : het huis en het graf van de Profeet maken tegenwoordig deel uit van de moskee.

Mohammed... De man

De geschiedenis heeft Mohammeds verfijnde en humane omgang met mensen vastgelegd. Zijn oproep en lessen ware gesteund op vriendschappelijkheid en broederlijkheid. Tegenspoed kreeg geen plaats in zijn gedrag.

Michael Hart stelde het volgende in zijn "De top-100: een rangschikking van de invloedrijkste mensen in de geschiedenis":

"Zelf van nederige afkomst, stichtte en verkondigde Mohammed een van de grote wereldgodsdiensten en werd een ongelooflijk indrukwekkend politiek leider. Vandaag, dertien eeuwen na zijn dood, blijft zijn invloed krachtig en indringend. De meerderheid van de mensen in dit boek hadden het voordeel geboren en getogen te zijn in beschavingscentra, hooggecultiveerde en politiek centrale naties.

Mohammed echter werd in het jaar 570 geboren, in de stad Mekka in zuidelijk Arabië, in die periode nog een achtergebleven hoek van de wereld, ver van de centra van handel, kunst en onderwijs.

 *Een artiestike ontwerp van de naam Mohammed.*

Het is waarschijnlijk dat de relatieve invloed van Mohammed op de islam groter was dan de gezamenlijke invloed van Jezus Christus en Sint-Paulus op de christenheid. Op louter godsdienstig niveau dan weer lijkt het waarschijnlijk dat Mohammed even veel invloed had op de menselijke geschiedenis als Jezus."

Muhammad, de leider:

In een objectieve beschrijving van Mohammed noteerde de Franse schrijver en politicus Alphonse de Lamartine in zijn "Histoir de Turquie" :

"Als het grootse van het doel, de beperktheid der middelen en de enorme omvang van het resultaat de drie maatstaven voor menselijk genie zouden zijn, wie zou menselijkerwijs een belangrijk man uit de moderne geschiedenis met Mohammed durven vergelijken?

Nooit eerder heeft een man zichzelf, vrijwillig of onvrijwillig, een verhevener doel gesteld, omdat het een doel buiten proportie was : het ondermijnen van bijgeloof dat tussen schepsel en Schepper stond en het herstellen van het rationele en heilige idee van goddelijkheid te midden van een overheersende chaos van materie en vervormde afgoden. Nooit eerder heeft iemand in zo'n korte tijd zo'n immense en langdurige revolutie in de wereld gerealiseerd."

Lamartine wijst er ook op dat Mohammed geen wapenmachten of imperia bewoog tot het scheppen van materiële macht, maar dat hij idee, geloof en ziel bewoog. Hij stichtte vanuit een Boek, waarvan elke letter een wet werd, een spirituele nationaliteit die mensen van alle volkeren en talen in de wereld omhelsde.

Het verhaal van Suraqah; een voorspelling wordt 20 jaar later vervuld:

Toen Mohammed naar Medina verhuisde met zijn meest nabije metgezel, Abu Bakr, in 622, boden de leiders van Mekka een ruime beloning van 100 kamelen voor al wie Mohammed levend of dood naar hen kon brengen.

Jammer genoeg werden Mohammed en zijn gezel opgespoord door een van de Arabische ridders, Suraqah bin Malik, die aangelokt was door de grote beloning. Onderweg struikelde zijn paard, en hij viel enkele keren op de grond. Hij beschouwde deze ongewone voorvallen als een onrechtstreekse boodschap dat Mohammed waarschijnlijk gesteund werd door een goddelijke macht.

Toen Suraqah Mohammed benaderde, zei deze laatste tot hem : "Keer terug naar je volk, en ik beloof je dat je op een dag, onder islamitisch gezag, de sierringen van Chosroes (de Perzische heerser) zal dragen." Al-Bayhaqi in Al-Sunan Al-Kubra (6/357), no. 13156

Verwonderd vroeg Suraqah of Mohammed de ringen van Khusrow bin Hormuz, keizer van Iran, bedoelde. Mohammed zei met volle zekerheid "ja", en dat de islam ook Perzië zou bereiken en over de hele wereld bekend zou worden.

Suraqah keerde naar Mekka terug, maar bekeerde zich niet tot de islam vooraleer Mohammed de stad vreedzaam veroverde in 630, acht jaar later.

Mohammed stierf in het jaar 632, en zijn gezellen geloofden dat zijn belofte aan Suraqah oprecht was, en op een dag zou vervuld worden.

De tijd verstreek, tot Omar Bin Al-Khattab de tweede kalief werd. Tegen dan had de islam Perzië bereikt (in het jaar 642), en alle schatten van Khusrow, keizer van Perzië, vielen in handen van Omar.

Omar herinnerde zich het verhaal van Suraqah, en vroeg aan zijn metgezellen deze te halen. Er waren sindsdien 20 jaren voorbijgegaan, en Suraqah was een bejaard man.

Na de gebedsbijeenkomst zei Omar tegen Suraqah :

"Hier zijn de sierringen van Khusrow, de Perzische keizer, die Mohammed jou beloofde. Doe ze om, en laat ze aan alle moslims zien, zodat het duidelijk weze dat de belofte van Mohammed vervuld werd."

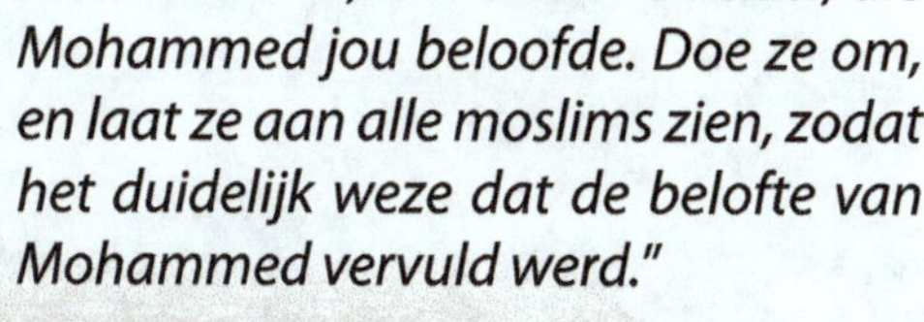

Suraqah huilde, en allen weenden. Mohammeds voorspelling werd tien jaar na zijn dood bewaarheid.

Voorbeeldige trouw en vroomheid

In het jaar 630 overwon Mohammed de leiders van Mekka, en kwam vreedzaam de stad binnen. Hij keerde naar huis terug, niet om daar de rest van zijn dagen te slijten, maar om het heidendom uit te roeien oftewel het herstellen van de oorspronkelijke bedoeling van de Ka'ba (het vierkante gebouw dat door de profeet Abraham was gevestigd om de ene God te aanbidden). Hij verwijderde alle afgodsbeelden van rond de Ka'ba, en vroeg zijn gezel Bilal om bovenop te klimmen, en uit te roepen : "God is de Grootste, God is de Grootste; ik getuig dat er geen god dan Allah is, en ik getuig dat Mohammed Zijn boodschapper is."

Mohammed wou de sleutel van de deur van de Ka'ba, dus riep hij Othman Bin Talha (van de Bani-Shaybafamilie) die de sleutelbewaarder ervan was. Het is belangrijk te weten dat er al voor de islam een verdrag bestond waarin de eer van "bewaker of hoeder van de Ka'ba" aan de familie Bani-Shayba was gegeven. Deze eer en verantwoordelijkheid werd doorgegeven van de vaderen aan de zonen, tot deze aan Othman Bin Talha kwam.

Othman Bin Talha was op dat moment pas moslim. Vele jaren voordien nog had hij Mohammed de toegang tot de Ka'ba (om er te bidden zoals anderen) ontzegd, aangezien hij hem niet geloofde. Bij de terugkeer van Mohammed naar Mekka had Othman wel geen andere keuze dan hem de sleutel te geven, en de eer van de bewaring ervan te verliezen.

Op dat moment vroegen velen aan Mohammed om aan hen de eer van de sleutelbewaring te geven, en duizenden moslims keken naar Mohammed om te zien wie de nieuwe bewaarder van de ka'ba zou worden.

Mohammed doorbrak het moment van stilte door de Ka'badeur te openen en de afgodsbeelden te verwijderen. Hij keek Othman Bin Talha aan, en zei tot hem (voorgaande overeenkomsten eerbiedigend):

> "Vandaag is een dag van trouw en vroomheid! Neem deze sleutel terug. Vanaf nu en tot de Dag des Oordeels mag niemand hem van u (de Bani-Shaybafamilie) afnemen, tenzij hij een aanvaller ware"
> al-Tabaraani in al-Kabir (11/120) No .: 11234

Een moment van trouw / loyaliteit

Meer dan 1400 jaren zijn voorbij gegaan, en de sleutel wordt nog altijd doorgegeven van de ene generatie op de volgende in de Bani-Shaybafamilie. Tot nog toe heeft nog niemand gedurfd deze af te nemen, uit vrees beschouwd te worden als een "aanvaller" (van de islam) zoals door Mohammed beschreven.

Tegenwoordig wordt door de Saoeditische autoriteiten (wanneer zij de jaarlijkse reiniging en voorbereiding van de Ka'ba beginnen voor de jaarlijkse bedevaart) een lid van de Bani-Shaybafamilie gecontacteerd (tegenwoordig een Saoedi-familie) om de deur van de Ka'ba voor hen te openen.

Mohammed een profeet voor onze tijd

Karen Armstrong, de auther van "Mohammed een profeet voor onze tijd" aangegeven dat Mohammed was geen man van geweld. Zijn leven moet op een evenwichtige wijze worden benaderd om zijn aanzienlijke prestaties waarderen.

Als een voorbeeldige persoonlijkheid leert Mohammed ons belangrijke dingen, niet alleen aan moslims, maar ook aan westerlingen. Zijn leven was een "Jihad" : zoals we zullen zien betekent dit woord niet "heilige oorlog", maar "worsteling / krachtsinspanning".

Mohammed zweette letterlijk van inspanning om vrede te brengen in het door oorlog verscheurde Arabië, en we hebben heden ten dage nog steeds mensen nodig om dat te doen. Zijn leven was een onvermoeibare campagne tegen hebzucht, onrechtvaardigheid en arrogantie.

Als we een catastrofe willen vermijden, dan moeten moslims en christenen niet alleen leren elkaar te verdragen, maar elkaar te waarderen. Een goed startpunt daartoe is de persoon van **Mohammed**."

Goudbeslagen deur van de Profeet-Mohammed moskee (Al-Masjid Al-Nabawi Al-Sharif) in Medina

Hoofdstuk

12

Islamitische kunst, kalligrafie en architectuur

Foto gemaakt door Peter Gould. Sultan Qaboos Groot Moskeee - Oman

Islamitische kunst en kalligrafie Bahrain

Peter Gould, Australië

Peter heeft een passie voor hedendaagse grafische vormgeving, kunst, fotografie en de rijke visuele en spirituele tradities van de islam. Zijn reizen en studies over de hele islamitische wereld hebben geïnspireerd een unieke culturele mix, die reageert op een wereld van misverstanden. Het werk van Peter in binnen- en buitenland bereikt door middel van tentoonstellingen en samenwerkingen met andere kunstenaars een breed publiek.

Peter Sanders, Engeland

Peter Sanders is een Britse professionele fotograaf die zijn carrière begon in het midden van de jaren 1960. Hij bouwde een fotografisch archief van

meer dan kwart miljoen foto's van over de hele wereld. Zijn eerste boek "In de Schaduw van de boom" geeft een prachtig inzicht in de diversiteit van de islamitische culturen over de hele wereld. Sanders werd geselecteerd door de Marokkaanse overheid om de belangrijkste moskeeën en islamitische architectuur van Marokko te fotograferen en te documenteren.

Hassan Çelebi, Turkije

Hij is een van de meest bekende islamitische kalligrafen van de wereld. Sinds hij begonnen is met les geven, gaf hij 'ijazah "(diploma in Islamitische kalligrafie) aan meer dan 40 studenten van over de hele wereld. Hij produceerde unieke kalligrafie stukken voor gerenommeerde islamitische historische plaatsen en moskeeën over de hele wereld. Voorbeelden zijn: Profeet Mohammed Moskee en Quba Moskee in Al-Madinah, Saoedi-Arabië, de Blauwe Moskee in Istanbul, Fatih Moskee in Pfortzheim, Duitsland, Jum'ah Moskee in Johannesburg, Zuid-Afrika, Almaty Jum'ah Moskee in Kazachstan en de Islamitische medisch Centrum in Koeweit.

Mohamed Zakariya,

Verenigde Staten van Amerika

Dhr. Zacharia is een Amerikaanse kalligraaf die wordt beschouwd als de meest vooraanstaande ambassadeur van de kunst van de Islamitische kalligrafie in Amerika. Hij leerde Arabische en islamitische kalligrafie toen hij 19 was in Marokko, Spanje en Engeland.

Hij is de eerste Amerikaan die twee licenties in Islamitische kalligrafie van Turkije heeft gekregen. Hij is ook bekend vanwege zijn ontwerp van de Amerikaanse "Eid Greetings" postzegels. Hij richt zich vooral op klassieke Arabische en Ottomaanse Turkse kalligrafie.

Nuria Garcia Masip, Spanje

Ze is een professionele kalligraaf uit Ibiza, Spanje. Ze studeerde islamitische kunst in Marokko en verhuisde vervolgens naar Istanbul, waar ze haar diploma in Islamitische kalligrafie in 2007 behaalde. Ze is momenteel bezig met haar kalligrafische carrière door middel van tentoonstellingen, wedstrijden en workshops, in de Verenigde Staten, Marokko, Turkije, Europa, Zuid-Afrika en het Midden-Oosten. Haar werken herleven klassieke teksten door esthetische presentatie.

Salva Rasool, Indië

Salva heeft een universitaire graad in toegepaste kunst uit Mumbai 1985. Ze voegt elementen van harmony toe in elk genre zonder de originele arabische tekst of kunst te veranderen. Ze staat bekend om haar creatieve manier van het invoegen en gebruiken van ongebruikelijke materialen zoals: terracotta, ceramiek, steenpotten, glas ,leer etc,

"In de naam van God, de Barmhartige, de meest Barmhartige"

"Alle lof behoort aan Allah, de Heer van alle werelden. De Barmhartige, de Genadevolle,Meester van de Dag des Oordeels. U alleen aanbidden wij en U alleen we zoeken helpen. Leid ons naar rechts (rechtdoor) pad. Het pad van degenen aan wie U geschonken Uw zegeningen, die niet opgelopen Uw ongenoegen, en degenen die niet op een dwaalspoor gingeny".

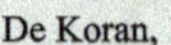
De Koran, 1

Dit stuk laat het eerste hoofdstuk zien van de koraan genaamd "Al Fatiha", moslims gebruiken dit vers dagelijks in hun gebeden.

Celina Cebula, Polen

Afgestudeerd aan de Pedagogische Universiteit in Krakau en gespecialiseerd in decoratieve kunst en kunstonderwijs. Met haar opvallende talent om kalligrafie te mengen met schilderen was ze in staat om nieuwe betekenissen in haar artistieke ontwerpen te weerspiegelen.

Het woord Mohammed, de Boodschapper van God in het Arabisch gespiegeld over een kleurrijke achtergrond.

صلى الله عليه وسلم

"Allah zal niet genadig zijn tegen jou zolang jij niet genadig bent tegen anderen"

"Wie mensen niet bendankt, bedankt God ook niet".

Haji Noor Deen, China

Geboren in 1963 in de Shangdong-provincie van China. Hij is één der beroemdste kalligrafen die een unieke band tussen Chinese en Arabische kalligrafie creëerden.

Deze stukken betekenen : "Er is geen god dan Allah, en Mohammed is de Boodschapper van Allah". De koepel onder werd opgebouwd uit de verklaring : "Mohammed is de Boodschapper van Allah".

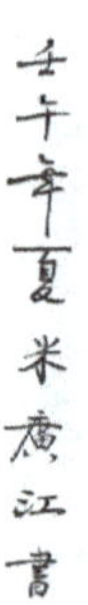

Nobuko Sagawa, Japan

Zij is een van de meest gerenommeerde Japanse gecertificeerde meesters van Arabische kalligrafie. Ze studeerde beeldende kunst in Japan en raakte geïnteresseerd in de Arabische kalligrafie. Mevrouw Sagawa ontwikkelde een stijl van "samenwerking" tussen combinaties van Japanse scripts (kana), Chinese karakters (kanji) en Arabische letters. Haar talent in het beheersen van de "Thuluth" en "Kufi" Arabische lettertypen stelde haar in staat om creatieve kalligrafische ontwerpen te maken.

"Wij hebben u niet anders gezonden, dan tot den mensch in het algemeen; als een boodschapper van goede tijdingen en een aankondiger van bedreigingen; maar het grootste deel der menschen begrijpt niet.".

De Koran, 34:28

Farid Al-Ali, Koeweit

Abstracte figuren uit "Muhammadeyat" door bekroond plastisch kunstenaar Farid Al-Ali.

"Muhammadeyat" is een verzameling van 500 kunstontwerpen, gebaseerd op het woord "Mohammed" in het Arabisch. De 500 ontwerpen zijn verdeeld in 11 groepen (gerond, vierkant, zeshoekig, achthoekig, enzovoort).

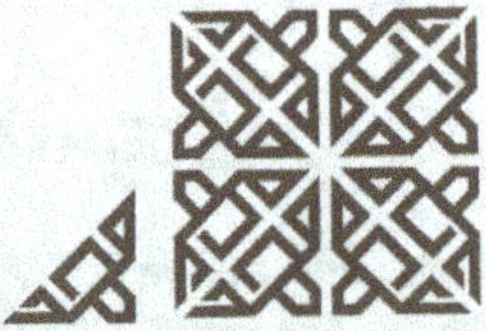

Mohammed Mandi, Verenigde Arabische Emiraten

Met zijn unieke ervaring en creatieve ontwerpen, werd hij genomineerd voor de Arabische kalligrafie ontwerpen op de bankbiljetten en paspoorten van de Verenigde Arabische Emiraten en vele andere landen. Daarnaast werd hij geselecteerd om de kalligrafisch designs in Shaikh Zayed Grand Mosque te begeleiden in Abu Dhabi, Verenigde Arabische Emiraten en vele andere moskeeën in de wereld.

Een artistiek ontwerp van het woord "Mohammed" op basis van het Arabisch schrift (afzonderlijke brieven). Het is de belangrijkste component van de stukken ontworpen door de heer Mandi die transparante harmonie tussen de artistieke ontwerpen van het woord "Mohammed" in het Arabisch en Engels scripts weerspiegelt.

Museum voor Islamitische Kunst, Qatar: *geopend voor het publiek in 2008, ontworpen door de Amerikaanse architect I.M. Pei (de beroemde ontwerper van de glazen pyramide voor het Louvre). De tentoongestelde voorwerpen geven de verscheidenheid en diversiteit in de islamitische kunst weer.*

Sheikh Zayed Moskee, Abu Dhabi (VAE) : *de grootste moskee in de Emiraten en de achtste grootste moskee ter wereld. De tuin is ca. 17 000 m² groot en de moskee biedt plaats aan 40 000 mensen;*

De moskee heeft 82 koepels en 4 minaretten, elk 170 m hoog. Er ligt ook het grootste tapijt ter wereld, 5627m², en 's werelds grootste kandelaar (15m hoog en 10m diameter).

Het Jumeirah-moskee, Dubai, Verenigde Arabische Emiraten: *Een van de meest aantrekkelijke moskeeën in Dubai welke de moderne islamitische architectuur weerspiegelt.*

King Hussein Moskee, Amman, Jordanië: *Werd ingehuldigd in 2005 als een van de grootste moskeeën in Amman dat de moderne islamitische kunst en kalligrafie weerspiegelt. Met zijn vierkante vorm en vier minaretten heeft het uitzicht op de stad van Amman zoals het werd gebouwd op een berg ca. 1000 m boven de zeespiegel.*

Ahmed Al-Fateh Mosque, Bahrain: *Werd geopend in 1988 door wijlen Amir van Bahrein, sjeik Issa bin Salman Al-Khalifa. De moskee heeft een oppervlak van 6.500 vierkante meter en biedt plaats aan maximaal 7.000 gelovigen. De moskee weerspiegelt een transparante mix van islamitische architectuur en het plaatselijke erfgoed.*

Al-Saleh-moskee, Sanaa – Jemen : *dit is de grootste moskee in Jemen. Ze werd geopend in 2008, met een totale oppervlakte van 224000 m², en kan 40000 biddenden bevatten. De moskee werd gebouwd naar Jemenitische stijl, en bevat 15 houten deuren en 6 grote minaretten.*

Grote Moskee van Sultan Qaboos, Oman : *de grootste moskee in Oman, geopend in 2001 en bevat het tweede-grootste handgeweven tapijt in de wereld en kandelaar. (oppervlakte 416 m², totale oppervlakte 40000 m².*

De Koepel van de Rots – Jeruzalem : *een islamitisch schrijn en moskee uit de periode 688-692 door Umayyad kalief Abdul Malik Bin Marwan. Moslims geloven dat op deze plek de Profeet Mohammed ten hemel steeg. Het is een achthoekig gebouw met een koepel van 29.4 m diameter. Plaats : Al Haram Al Qudssi of Al-Masjd Al Aqsa, die ook de Aqsa Moskee bevat. Totale oppervlakte van het heiligdom : 144000 m².*

Qibli Moskee

Aqsa Moskee : *een heilige plaats voor moslims omdat het de eerste "Qiblah" in de islam was (plaats waarnaar men zich richt bij gebed). Na de Koran-openbaring moest de Qiblah naar de Heiligdommoskee in Mekka veranderd worden, die de vierkante Ka'ba bevat (gebouwd door Abraham als Huis van God).*

De Umayyaden-moskee, Damascus, *Syrië: dit is gebouwd onder de Umayyaden-kalenders van Al Walid tussen 706 en 715. Een van de grootste en oudste moskeeën in de wereld van grote architectonische waarde, ongeveer 4000 m^2.*

In 2001 bezocht Pope John Paul II de moskee. Het was de eerste keer dat een paus een moskee bezocht. De minaret in de zuidoostelijke hoek heet "de minaret van Jezus", omdat veel moslims geloven dat Jezus dicht bij deze minaret zal terugkeren.

De Grote Moskee van Samarra – Irak :
een 9de –eeuwse moskee in de stad Samarra. De bouwopdracht kwam er in 848 en werd afgewerkt in 851 door de Abbassiedenkalief Al-Mutawakkil.

Ooit was deze moskee de grootste ter wereld : de minaret (de Malwiyatoren) is een grote spiraal van 52 m hoog en 33m breed met spiraalvormig wandelpad. De moskee had 17 zijvleugels, en de muren waren ingelegd met mozaïeken van donkerblauw glas. De minaret is in de stijl van een Babylonische ziggurad.

Taj Mahal – Agra, India : *geen moskee, maar een mausoleum of grafmonument dat de islamitische bouwstijl weerspiegelt. Gebouwd door Shah Jahan (1592-1666) in herinnering aan zijn vrouw.*

Jama Masjid – New Delhi, India : de grootste Indische moskee, gebouwd in 1656.

Rode Fort, Agra, Indië

Faisal Moskee – Islamabad, Pakistan Fort Lahore in Pakistan

Sterrenmoskee – Dhaka, Bangladesh

Auburn Gallipoli Moskee – Sydney, Australië

Sultan Moskee, Singapore Sultan O.A. Saifuddin Moskee, Brunei

Turkse Moskee in Tokio, Japan *Mooskee in Pattani, Thailand*

De Kristallen Moskee – Kuala Terengganu, Maleisië : *de moskee is grotendeels gebouwd met kristal. Site : Park van het Islamitisch Erfgoed op het eiland Wan Man. Officieel geopend in 2008.*

Putrajaya Moskeee, Malaysië

Kuantan Moskee in Maleisië

Moskee in Perak, Maleisië

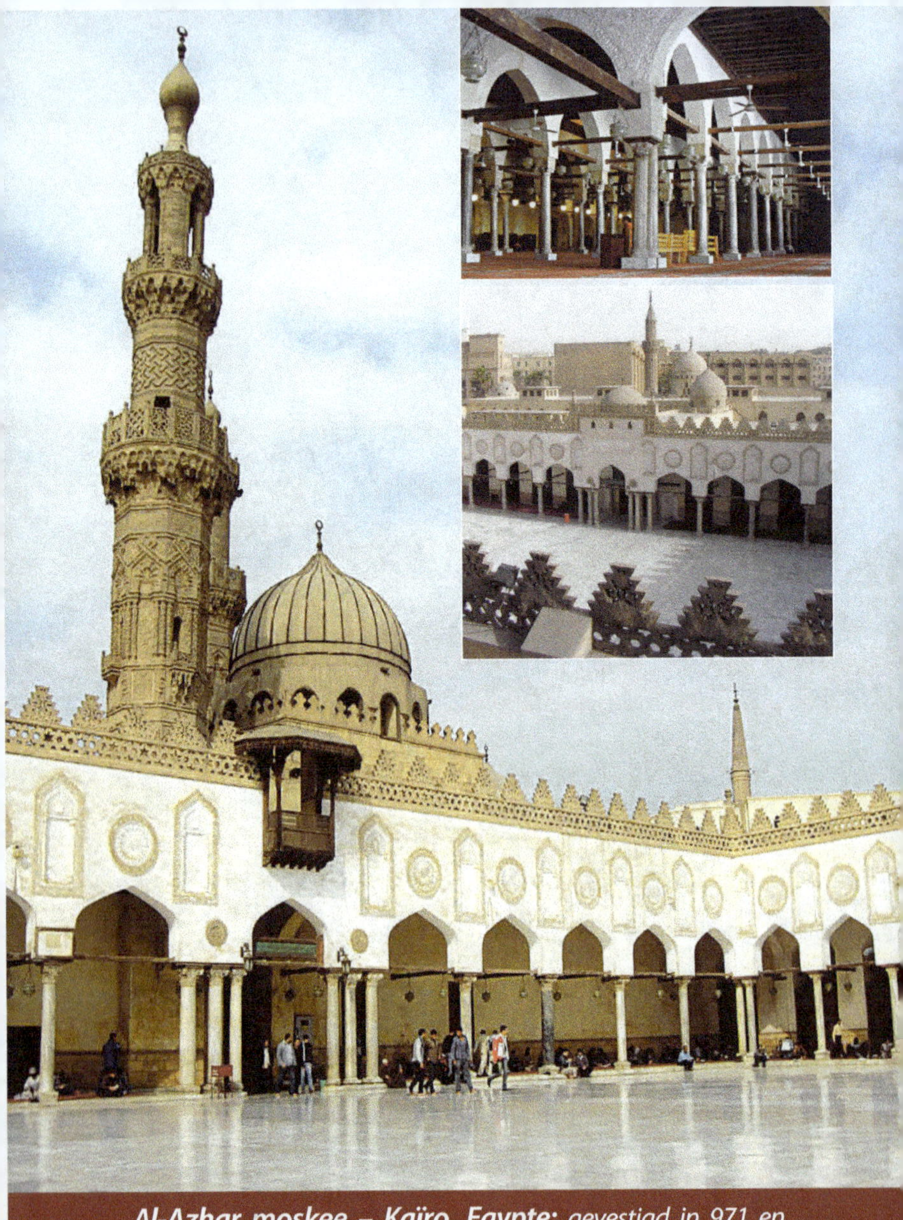

Al-Azhar moskee – Kaïro, Egypte: *gevestigd in 971 en verbonden met een van de oudste nog werkzame universiteiten ter wereld (geopend in 988).*

***De Ahmad Ibn Tulun-moskee in Kaïro, Egypte:** afgewerkt in 879, een der grootste ter wereld (26 318 m²), tevens bekend voor de lieftallige architectuur en unieke minaret.*

De Hassan II-moskee – Casablanca, Marokko : *afgewerkt in 1993, ontworpen door de Franse architect Michel Penseau. De minaret van de Grote Moskee is het hoogste bouwwerk in Marokke, en de hoogste minaret ter wereld (210 m). 's Nachts schijnt een laser vanop de top van de toren een lichtstraal naar de Moskee van het Heiligdom in Mekka (capaciteit : 25000 man).*

De Karouin-moskee, Fes, Marokko: *gesticht in 987 en de tweede grootste moskee van Marokko (na de Hassan II in Casablanca), en een van de oudste universiteiten ter wereld. Tevens het oudste islamitische monument in Fez.*

Kipchak-moskee – Asghabat, Turkmenistan

Azadi-moskee – Asghabat, Turkmenistan

Shir Dor Madrasah – Samarkand, Oezbekistan

Moskee in Bukhara, Kazachstan

Islamitisch Centrum , Brussel   Mevlana Moskee Rotterdam

de Blauwe Moskee, Amsterdam   Essalam Moskee Rotterdam

Parijs Centraal-moskee, Frankrijk. De grootste moskee van Frankrijk. Gebouwd na de 1e wereldoorlog.

De gebedsoproep:

God is de grootste, God is de grootste, (2x)
Ik getuig dat er geen godheid is dan God (2x)
Ik getuig dat Mohammed Gods boodschapper is (2x)
Haast u naar het gebed (2x)
Haast u naar het welslagen (2x)
God is de grootste, God is de grootste,
Er is geen godheid dan God

Moskee in Penzberg, Duitsland: *De minaret is gegraveerd met woorden van de "Azaan" de islamitische oproep tot de dagelijkse gebeden. De Arabische kalligrafische ontwerp werd gemaakt door award winnaar kalligraaf Mohammed Mandi uit VAE.*

De Mezquita van Cordoba – Spanje : *Mezquita is het Spaanse woord voor "moskee". Achtste eeuw, ontworpen door islamitische architecten onder toezicht van de emir van Cordoba, Abd ar-Rahman II (822-852). Tegenwoordig is de Mezquita de kathedraal van Cordoba (de "Kathedraal van de Opneming van Maria").*

Alhambra Calat, Spanje : *ook het "Rode Fort" genoemd. Een paleis en fort in één, gebouwd tijdens de regering van de Sultan van Granada (1353-1391). Tegenwoordig één van de belangrijkste toeristische trekpleisters in Spanje als beroemdste voorbeeld van islam-architectuur in Spanje. (Binnen het complex bevond zich het paleis van keizer Karel V, 1527).*

De Sultan Ahmet-moskee – Turkije : *beter bekend als de "Blauwe Moskee", met aflopende koepels en zes slanke minaretten. Besteld door Sultan Ahmet van het Ottomaanse Rijk in de 17de eeuw (bouw begon in 1609 en duurde 7 jaar).*

Aya Sofia – Istanbul, Turkije (Hagia Sophia) : *een voormalige Byzantijnse kerk, die later als Ottomaanse moskee diende gedurende 500 jaar. Nu een museum en belangrijke toeristische trekpleister.*

عثمان
رضي الله عنه
حسن
رضي الله عنه

De grote moskee van Xi'an, China

De groot Moskee in Indonesia

Hui Moskee in Ningxia, China

De Grote Moskee – Touba, Senegal

Faisal-moskee, Conakry, Nieuw-Guinea

Moskee in Bobo Dioulasso, Burkina Faso

Djenné-moskee in Mali

De grootste moskee ter wereld met muren van aarde, indrukwekkender nog dan het klinkt : het gebouw is enorm, en is elegant, zowel van dicht als van ver. Twee maal per jaar laten alle stadsbewoners alles vallen om modder uit de nabije Bani-rivier te halen, en de muren bij te pleisteren.

Referenties

Abdul Ghani, M. Ilyas, (2003). The History of Al-Madinah Al-Munawwarah, Rasheed Publishing, KSA

Ahmad, Mumtaz ,(1996). Islam and Democracy: The Emerging Consensus; Middle East Affairs Journal,

Al-Mutawa, Jassem, (2001). The Wives of the Prophet in Contemporary Time. Kuwait

Al-Mubarakpuri, Safi-ur-Rahman, (1996). The Sealed Nectar: Biography of the Noble Prophet Muhammad, Darussalam, KSA.

Al-Zayed, Samirah, (1995). The Inclusive Book About Prophet Muhammad's Life, The Scientific Press, First Edition.

Armstrong, Karen, (2002). Islam: A Short History.

Armstrong, Karen, (1992). Muhammad: A Biography of the Prophet.

Armstrong, Karen, (2007). Muhammad: A Prophet for Our Time.

Al-Nawawi, Y.S., " Riyadh Al-Saliheen", 2003 Authentic Sayings of Prophet Muhammad, Arabic Cover –Cairo –Egypt

As-Sallaabee, Ali Muhammad , "The noble life of the Prophet" , Darussalam, KSA

Bukhari, Mohammad Bin Ismael (Imam Abu Abdullah), (1997). Saheeh Bukhari, International Ideas Home – Amman –Jordan

Cleary, Thomas, (2001). The Wisdom of the Prophet: The Sayings of Muhammad

Hammad, Ahmad Zaki (2007), The Gracious Qur'an: A Modern-Phrased Interpretation in English, Lucent Interpretations, IL, USA

Hart, Michael, (1992), "The 100; A Ranking of the Most Influential Persons in History":,1992, Carol Publishing Group. N.J. –USA

Islam, Yusuf, (1995). "The Life of the Last Prophet", Darussalam, Saudi Arabia

Khalidi, Tarif (2009). Images of Muhammad: Narratives of the Prophet in Islam Across the Centuries. Kindle Edition

Khan, M. Muhsin, " Sahih Al-Bukhari –English Translation", 4th Ed, 1985, Beirut-Lebanon

Montgomery Watt, W.(1974). Muhammad: Prophet and Statesman. Kindle Edition

Pickthall, Marmaduke (2006). The Qur'an Translated: Message for Humanity – The International Committee for the Support of the Final Prophet, Washington- USA

Ramadan, Tariq; (2009) In the Footsteps of the Prophet: Lessons from the Life of Muhammad

Saheeh Int. (2004), The Qur'an English Meanings. Abul-Qassim Publishing –Al Muntada Al-Islami-Jeddah- KSA

Sultan Sohaib N., Ali, Yusuf Ali, and Smith, Jane I. (2007), The Qur'an and Sayings of Prophet Muhammad: Selections Annotated & Explained (Skylight Illuminations)

Unal, Ali., "The Holy Qur'an With Annotated Interpretation in Modern English", 2006 , The Light –New Jersey, USA

Wolfe, Michael & Kronemer, Alex (2002). Muhammad: Legacy of a Prophet (DVD - Dec 18, 2002)

Yusuf, Hamza, (2003) The Life of the Prophet Muhammad (24 Audio CDs).

Nawoord vertaler en revisie

"Vertalen is op zijn best zo nauwkeurig mogelijk benaderen, en op zijn slechtst interpreteren. We hebben gekozen voor de zo nauwkeurig mogelijke benadering, daarom zullen bepaalde passages misschien wat "archaïsch" klinken. Dat was echter ook een persoonlijke keuze : fragmenten uit de Heilige Koran en de Hadith komen m.i. minder tot hun recht in een àl te modern taalgebruik. Bovendien staan in die fragmenten woorden en zinswendingen die zo fraai zijn, dat een "moderne vereenvoudiging" daar alleen maar afbreuk kan aan doen.

Vertalen is ook altijd bijleren : en voor die gelegenheid kan we alleen maar dankbaar zijn. Deze zakgids bevat niet alleen interessante feitelijke gegevens, maar schetst vooral een man die, naast zijn identiteit als "Profeet", ook een zeer volkomen mens moet geweest zijn (hoewel hij de eerste was om te zeggen : "Ik ben ook slechts een mens") : iemand die beschikte over een vorm van begrip en respect voor de hele omringende wereld (ook al verschilde die soms enorm van hemzelf), en rechtlijnigheid kon temperen met humor.

Antekeningen

www.ingramcontent.com/pod-product-compliance
Lightning Source LLC
LaVergne TN
LVHW010856110826
845149LV00005B/1408

* 9 7 8 0 9 8 7 5 8 9 1 3 2 *